Amphoren

BESTIMMUNG UND EINTEILUNG
NACH IHREN MERKMALEN

HERAUSGEGEBEN
VON

WOLFGANG SCHULTHEIS
UND MITARBEITERN

D1717686

DR. RUDOLF HABELT GMBH · BONN

Titel der französischen Originalausgabe:
Jean-Pierre Joncheray, Classification des Amphores. Fréjus. 1971

Übersetzt und mit einem Anhang versehen von
Wolfgang Schultheis, Peter Hadasch, Jutta Ulbrich, Gisela Fieber

CIP-Kurztitelaufnahme der Deutschen Bibliothek

Amphoren:
Bestimmung u. Einteilung nach ihren Merkmalen /
hrsg. von Wolfgang Schultheis u. Mitarb.
[Übers. u. mit e. Anh. vers. von Wolfgang
Schultheis...]. - Bonn: Habelt, 1982.
    Dt., stark erw. Ausg. d. franz. Orig.-Ausg. -
    Orig.-Ausg. u.d.T.: Joncheray, Jean-Pierre:
    Classification des amphores
    ISBN 3-7749-1913-5

NE: Schultheis, Wolfgang [Hrsg.]

ISBN 3-7749-1913-5
Copyright 1982 by Dr. Rudolf Habelt GmbH, Bonn
Anschrift: Postfach 150104, D-5300 Bonn 1

VON SPORTTAUCHERN
FÜR SPORTTAUCHER

Inhaltsverzeichnis

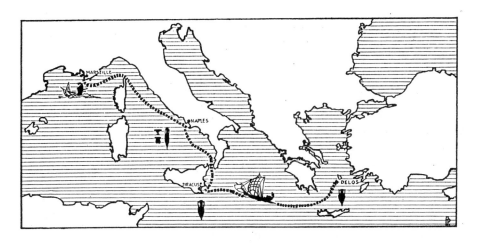

Die letzte Route des großen Frachters von Marcus Sestius
(Delos - Grand Congloue)

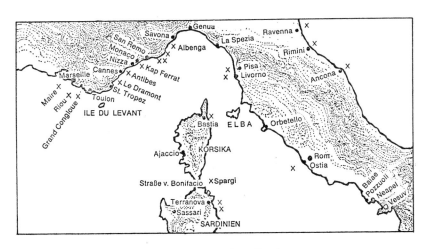

Die Küste der hundert Wracks

Vorwort

Die Anfänge des Seehandels an den Gestaden des Mittelmeeres verlieren sich
im Dunkel der Geschichte. Zu Zeiten der Phönizer, Griechen und Römer
bestanden, so weiß man heute, ausgedehnte Seehandelsstraßen im mediterranen
Raum und auch weiter darüber hinaus. Anzeichen für diesen Handel fand man
z.b. in England und sogar in Indien, wo bereits im ersten nachchristlichen
Jahrhundert eine römische Handelsniederlassung bestand.

Die noch recht junge Wissenschaft der Unterwasserarchäologie ist bemüht,
etwas Licht in das Dunkel des antiken Seehandels zu bringen. Ein wichtiger
Faktor bei der Bestimmung antiker Unterwasserfunde ist die Amphore (lat.
"amphora", aus dem Griechischen "amphoreus": doppelhenkliger Krug), die
als damals weitverbreiteter Transportbehälter oft in sehr großen Mengen
an der Untergangsstelle antiker Schiffe zu finden ist. Die Amphoren dienten als Transportgefäße für Wein, Öl, Getreide, gesalzene Fische, Nüsse,
Trinkwasser, Nägel, Münzen und viele andere Güter, die sich in Krügen
transportieren ließen. Die Spitze oder der Knopf am unteren Ende diente
zum Aufstellen in Erdlöcher. Beim Transport auf Karren wurden die Amphoren
mit dieser Spitze in grobmaschige Tragnetze oder Körbe gestellt. Gut ge-
stapelt war solch eine Amphorenladung auch hervorragend gegen das Verrut-
schen gesichert, was gerade beim Schiffstransport sehr wichtig war.

In der Blütezeit des römischen Imperiums wurden die Amphoren in vielen
Teilen des Reiches in großen Manufakturen von Sklaven hergestellt. Dabei
versahen die einzelnen Töpfereien ihre Erzeugnisse oft mit einem Stempel.
Auch die Händler, die ihre Ware in die Amphoren füllten, siegelten diese
mit ihrem "Firmenzeichen". Da viele Siegel und Stempel den Archäologen
bekannt sind, kann man aus diesen beiden, aus der jeweiligen Form und der
Ton-Zusammensetzung ihre Entstehungszeit und Herkunft bestimmen. Somit sind
die Amphoren eine wertvolle Hilfe bei der zeitlichen Einordnung
antiker Wracks.

Die Amphore entsprach unserer heutigen Einwegflasche: leer war sie praktisch wertlos und wurde meistens zerschlagen oder einfach weggeworfen.
Allerdings suchte man auch damals schon nach einer sinnvollen Abfallbesei-

tigung. So wurde manchen Amphoren der enge Hals abgeschlagen, um sie als Aschenurnen bei der Brandbestattung der Toten zu verwenden. Andere wurden, nach dem man ihnen den spitze Boden abgeschlagen hatte, ineinandergesteckt und als Abwasserrohre genutzt. Mit Sand gefüllte Amphoren wurden in Karthago sogar in den Mauerbau der Burg einbezogen.

Die Amphore war ein Massenartikel, was auch kaum verwundert, wenn man sich vorstellt, daß bei Unterwasserausgrabungen antike Wracks gefunden wurden, die tausende von Amphoren geladen hatten. Das Wrack von Spargi (Insel vor Sardinien), ein ca. 4000 Amphoren fassendes Schiff, dürfte wohl eines der größten Schiffe der damaligen Zeit gewesen sein. Von gängiger Größe dürften die Schiffe gewesen sein, die am Grand Congloue bei Marseille (2600 Amphoren) und bei Albenga (2800 Amphoren) gefunden wurden.

Entlang der antiken Seehandelsstraßen fand man eine Vielzahl amphorenbeladener Wracks. Viele Schiffe scheiterten damals in Stürmen oder durch Kriegseinwirkung, oder auch nur wegen der mangelhaften nautischen Kenntnisse der Schiffsführer. Sank nun ein Amphorenfrachter in flachen Gewässern, so wurde er schon bald von den Wellen zerschlagen. Heute findet man an solchen Stellen nur noch einen wüsten Scherbenhaufen. Nur wenn ein Schiff in tieferem Wasser versank, blieb es von der zerstörerischen Kraft der Wellen verschont. Grub sich der hölzerne Rumpf tief genug in den Schlamm oder Sand, so wurde das Holz vor der Zersetzung durch Meeresorganismen bewahrt. Sedimente lagerten sich über dem Wrack ab, Strömungen häuften Sand und Schlamm an und deckten nach und nach das Wrack zu. Oft findet man Wrackhügel, aus denen nur noch die obersten Amphoren hervorschauen.

Mit Ausweitung des Tauchsports nahmen auch die Meldungen über antike Wasserfunde zu. Leider werden Amphorenfelder von Tauchern oft geplündert. Dabei könnte jede Scherbe für die Wissenschaft von Bedeutung sein. An dieser Stelle möchten wir darauf hinweisen, daß genaue Auskünfte über die gesetzlichen Bestimmungen der einzelnen Staaten in bezug auf Unterwasserfunde beim Verband Deutscher Sporttaucher in Hamburg (2000 Hamburg 70, Schloßstr. 6) zu erfahren sind.

Das vorliegende Buch soll dem interessierten Sporttaucher die Möglichkeit geben, Gesehenes zeitlich einzuordnen und etwas über das Wesen und das Woher und Wohin der einzelnen Amphorentypen zu erfahren.

Wer sich über den Rahmen dieses Buches hinaus mit der Klassifikation von
Amphoren befassen möchte, findet unter der Rubrik "Typologie" die Namen
von Wissenschaftlern wie Dressel, Lamboglia und Benoit, in deren Arbeiten
die betreffenden Amphoren eingehend beschrieben werden.

Nach dem dieses Buch bereits in Druck gegangen war, ist uns die neue Aus-
gabe des Originals zur Kenntnis gelangt, die aber nicht mehr in vollem
Umfang berücksichtigt werden konnte.

Wir wünschen uns, allen interessierten Lesern mit diesem Buch eine wertvolle Hilfe bei der Bestimmung von Amphoren an die Hand gegeben zu haben.

Wolfgang Schultheis
Peter Hadasch
Jutta Ulbrich
Gisela Fieber

Im Januar 1982

1=Mundsaum . 2=Hals . 3=Henkel . 4=Henkelknick . 5=Ansatz . 6=Schulter
7=Gefäßbauch . 8=Standfuß

Einleitung

Die Unterwasserarchäologie wird allzu oft als Archäologie der Amphore schlechthin bezeichnet. Diese Definition ist qualitativ übertrieben. Man muß auch an die diversen Töpferwaren, Ziegel, Anker(Ankerstöcke) usw. denken. Was die Menge anbetrifft, so besteht jedoch die Mehrheit der aus dem Meer geborgenen archäologischen Fundstücke aus Amphoren aller Epochen.

Als Amphore wird in der vorliegenden Klassifikation jede Töpferware betrachtet, die zwei Henkel hat und deren Basis, die häufig aus einer Spitze oder aus einem Knopf besteht, die vertikale Aufrechtstellung schlecht oder gar nicht ermöglicht.

Für den Taucher, der sich der Typologie der Amphore widmen möchte, gibt es nur wenige oder ziemlich teure Werke auf diesem Gebiet(siehe beigefügte Bibliographie). Archäologische Abhandlungen sind schwer zu finden. Sie sind alt und teuer. So ist z.B. die GALLIA(spezialisierte Zeitschrift) jüngeren Datums. Bis 1962 bildeten die "Mitteilungen" von Prof. Benoit eine Auswahldokumentation. Dasselbe gilt für die "Revue ligurischer Studien". Schließlich seien noch die Aufzeichnungen von Diot über "Das Abenteuer unter Wasser Nr. 2" und die Aufzeichnungen von Fanjaud-Fonquerle über "Das Abenteuer unter Wasser Nr. 59" als sehr komplette und leicht verständliche Ausführungen zu zitieren.

*

Vorliegende Klassifikation beruht auf mehreren Kriterien:

Die Epoche:
sicherstes, aber oft unzureichendes Kriterium, denn einige verschiedene Amphorentypen stammen aus der gleichen Epoche.

Die Herkunft:
praktisch für die altertümlichen Epochen, schwieriger zu bestimmen gegen das römische Reich zu, wo die "Amphoren von Betica" sehr zahlreich und sehr unterschiedlich waren.

Der Inhalt:
konnte selten durch vollständige Funde überprüft werden, weil ein und dieselbe Töpferware mehreren Zwecken diente und immer wieder andere Ware zum Inhalt haben konnte.

Besonderheiten der Form:

anzuwenden, wenn die anderen Kriterien ausgeschöpft sind. Diese Besonderheiten haben den Vorteil, unbestreitbar zu sein, stehen aber in keinerlei
historischem oder geographischem Zusammenhang.

Zusammensetzung der Tonmischung(Paste):

in diesem Buch unzureichend untersucht, kann aber für die Bestimmung von
sehr großem Nutzen sein.

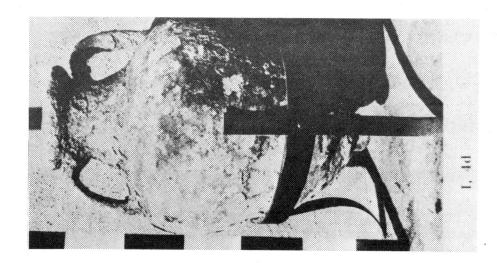

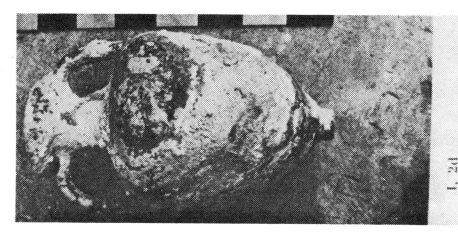

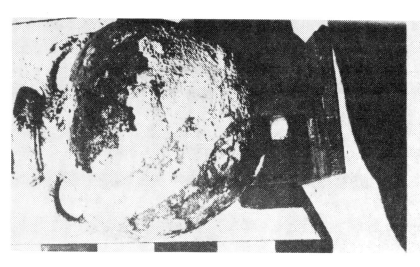

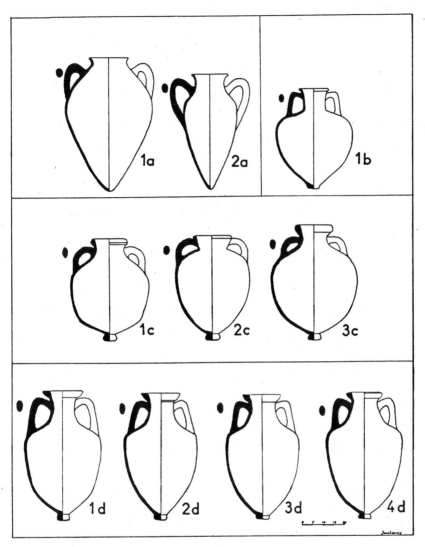

Tafel I

Etruskische Amphoren: 1a, Agde - 2a, Antibes, Stadtmuseum

Archaisch griechische Amphoren: 1b, Agde

Massaliotische Amphoren(Massalia = alte Bezeichnung von Marseille):
        1c, Iles du Frioul(Privatsammlung) - 2c, Brégançon -
        3c, Saint-Raphaël - 1d - 3d, Saint-Raphaël -
        4d, Ile de Riou(Privatsammlung)

Die etruskischen Amphoren
(Tafel I)

Die charakteristische Form läßt keinen Zweifel über die Herkunft aufkommen.
Jedoch sind einige archaisch-griechische Amphoren formengleich und der
Unterschied zwischen ihnen besteht nur in der Pastenzusammensetzung.

Datierung:
6. Jh. v. Chr.

Beschreibung:

Mundsaum:	wenig abgesetzt, leicht gerundet
Hals:	sehr kurz, mehr oder weniger weit
Schulter:	wenig ausgebildet
Gefäßbauch:	verjüngt sich regelmäßig nach unten zu
Standfuß:	weder Knopf noch Wulst
Henkel:	charakteristischer Ansatz, nur auf dem Gefäßbauch, nicht am Hals
Größe:	ziemlich klein

Herkunft:
Etrurien

Fundorte:
Antibes - Grau-du-Roi - Marseille - Agde(272) - Bendor - Cap de Nice
(Die Zahlen in den Klammern weisen auf registrierte Fundnummern)

Die archaisch-griechischen Amphoren griechischer Herkunft

(Tafel I)

Ziemlich seltene Amphoren in den französischen Gewässern, wo die griechische Amphore Marseiller Fabrikation sehr häufig ist.

Datierung:
6. - 5. Jh. v. Chr. Daher die willkürliche Bezeichnung "archaisch", um sie von den jüngeren Formen zu unterscheiden.

Beschreibung:

Mundsaum:	wenig abgesetzt, gerundet
Hals:	ziemlich kurz, gerade
Schulter:	wenig ausgebildet
Gefäßbauch:	ebenso breit wie hoch, kreiselförmig
Standfuß:	wenig abgesetzt, ziemlich breit
Henkel:	gerundet, voll
Größe:	Klein, bis zu 50 cm

Herkunft:
Griechische Einfuhr
Westliches Anatolien(Fonquerle)

Fundorte:
Agde(1, 277, 278) - Korsika: Lavezzi - Marseille

Die massaliotischen Amphoren
(griechische Amphoren Marseiller Herkunft)
(Tafel I)

Diese Gruppe der Amphoren kann in zwei Untergruppen geteilt werden, die sich durch Alter und Profil unterscheiden:
- ältere massaliotische Amphoren   - Ende 6. und 5. Jh. v. Chr.
- jüngere massaliotische Amphoren   - Ende 5. und 4. Jh. v. Chr.

Ältere massaliotische Amphoren oder massaliotische Amphoren mit eiförmigem Gefäßbauch(Tafel I, 1c - 3c)

Beschreibung:

Mundsaum:	unterschiedlich, gerundet, oft durch eine Rille betont
Hals:	sehr kurz, grundsätzlicher Unterschied zu dem jüngeren Typus
Schulter:	wenig ausgebildet
Gefäßbauch:	schwer als kugelförmig, eher eiförmig, seltener kreiselförmig zu bezeichnen
Standfuß:	großer, (charakteristischer) flacher Fußknopf
Henkel:	halbkreisförmig, voll, manchmal leicht gerippt
Größe:	klein, bis zu 60 cm
Tonpaste:	glimmerhaltig (charakteristisch)

Herkunft:
Marseille (das von den Phokäern gegründete "Massalia")

Fundorte:
Agde (2, 397, 423) - Brégançon - Béziers - Ligurische Küste - Capo Mele - Gallinaria

Jüngere massaliotische Amphoren oder massaliotische Amphoren mit kreiselförmigem Gefäßbauch(Tafel I, 1d - 4d)

Beschreibung:

Mundsaum:	breiter, oft horizontal ausladender Kragen
Hals:	ziemlich lang im Vergleich zum alten Typus
Gefäßbauch:	die Kreiselform scheint sich hervorzuheben
Henkel:	länger als beim ersten Typus, voll
Größe:	höchstens 65 cm, kaum etwas größer als der alte Typus
Schulter, Standfuß und Tonpaste:	kein Unterschied zum alten Typus

Herkunft:
Marseille

Fundorte:
Ile de Riou - Antibes - Agde (3, 4, 5, 7, 271, 297, 399, 417) - Port Cros - Saint Raphaël

II, 2

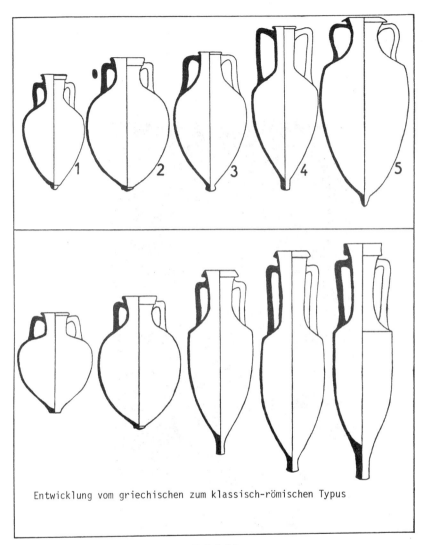

Entwicklung vom griechischen zum klassisch-römischen Typus

Tafel II

Jüngere griechische Amphoren: 1, 3, 4, Grand Congloue - 2, Cap Taillat -
5, Festlandfunde

Entwicklung vom archaisch-griechischen zum klassisch-römischen Typus:
archaisch-griechischer - "jüngerer" griechischer - "älterer und jüngerer"
griechisch-italischer - klassisch-römischer Typus

Die jüngeren griechischen Amphoren
(Tafel II)

Die Gruppe umfaßt manchmal verschiedene Ausführungen, die in französischen Gewässern selten sind. Die Zusammenstellung befindet sich auf Tafel II. Die Form II, 5 verdient besondere Aufmerksamkeit, denn sie ist mit der Form III, 1a verknüpft, und ihre Trennung durch gesonderte Tafeln ist willkürlich: die Form III, 1a hätte genau so gut auf Tafel II aufgenommen werden können. Diese Amphoren stellen den wichtigsten Übergangstypus von der griechischen zur griechisch-italischen Amphore dar.

Datierung:

vom 4. Jh. bis 150 v. Chr., weshalb die willkürliche Bezeichnung "jüngere".

Beschreibung:

schwierig für die Gesamtheit, da jeder einzelne Typus seine eigenen Merkmale hat.

Mundsaum:	im allgemeinen kleiner Wulst, abgesehen vom Typus II,5, an dem der Beginn einer Abschrägung zu erkennen ist
Hals:	mehr oder weniger lang
Gefäßbauch:	im allgemeinen kreiselförmig, einige (II, 2) können als eiförmig bezeichnet werden
Standfuß:	sehr unterschiedlich
Henkel:	im allgemeinen klein, charakteristisch für II,4
Größe:	noch ziemlich klein, aber diese Amphoren sind bereits schlanker als die archaisch-griechischen Amphoren

Herkunft:
Griechenland oder eher Großgriechenland(einschl. Kolonien)

Fundorte:
Grand Congloue - Agde (11, 12, 299)

Entwicklung der archaisch-griechischen zur klassisch-römischen Amphore
(Tafel II)

Vom 6. bis zum Ende des 1. Jh. v. Chr., d. h. während 600 Jahren, erfolgt eine langsame Entwicklung der griechischen Amphorenform zur griechisch-italischen und dann römischen Form. Diese Entwicklung bezieht sich auf mehrere morphologische Punkte:

Mundsaum: zunächst wulstig rund, die Entwicklung von der griechisch-italischen zur römischen Amphore ist deutlich. Der Mundsaum ist zunehmend schräg, bis er vertikal wird.

Hals: verlängert sich regelmäßig von 15 cm bis mehr als 40 cm bei den jüngeren Typen

Henkel: folgen der Entwicklung des Halses und seiner Verlängerung

Gefäßbauch: kreiselförmig bei den alten Formen, geht er zur Spitzbogen- oder Spindelform über

Schulter: wenig erkennbar am Anfang, entwickelt sie sich bis sie durch eine Kante scharf ausgebildet wird

Größe: nimmt in charakteristischer und regelmäßiger Weise von 50 bis 120 cm zu

Später gestalten sich die Amphorentypen mannigfaltiger; es können andere Entwicklungen in Erscheinung treten, die aber weniger charakteristisch sind und sich auf kürzere historische Perioden beschränken.

III, 3a

III, 2c

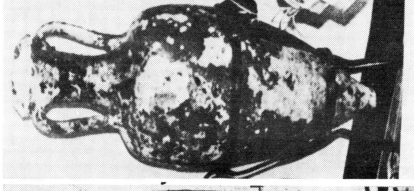

III, 2a

III, 1c

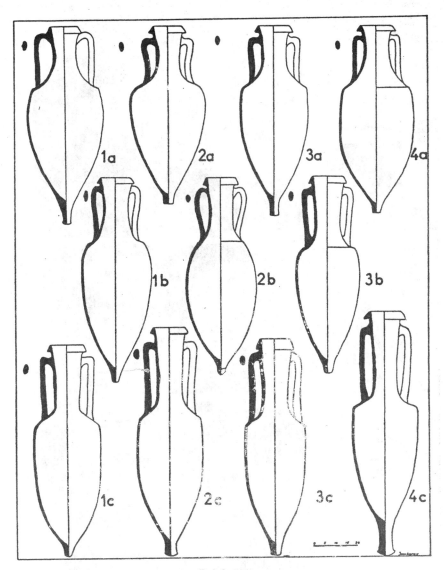

Tafel III

ältere griechisch-italische Amphoren: 1a, Grand Congloue - 3a, 4a, Baie
                                              de Briande - 2a, Agay-La Chrétienne
griechisch-italische Obergangsformen: 1b, La Ciotat - 2b, Ile de Riou -
                                              3b, Porquerolles
jüngere griechisch-italische Amphoren:1c, Agay (Privatsammlung) - 2c, An-
                                              théor A - 3c, Grand Congloue - 4c,
                                              Capo Mele

Die griechisch-italischen Amphoren mit schrägem Mundsaum
(Tafel III)

Diese Gruppe ist aus zwei Gründen wichtig:
- Sie umfaßt Amphoren, die in französischen Gewässern sehr häufig vorkommen.
- Sie erstreckt sich über mindestens zwei Jahrhunderte.

Diese Amphorengruppe kann ohne genaue Abgrenzung in 3 Untergruppen geteilt werden:

- die älteren Formen, gedrungen, untersetzt, vom Ende des 3. Jh. bis Anfang des 1. Jh. v. Chr.
- die jüngeren, schlanken Formen, von der Mitte des 2. bis zum 1. Jh.v.Chr.
- die Übergangsformen, Zwischengrößen, etwa vom 2. Jh. v. Chr.

Diese drei Amphorentypen sind manchmal untereinander zeitgleich. Sie können aber auch aus der Zeit der Amphoren griechischen Ursprungs oder im Gegensatz dazu aus der der klassisch-römischen stammen.

Die älteren Formen

Typologie:

Republikanisch I (Benoit)
Lamboglia 4
griechisch-italisch aus Syrakus (Fonquerle)

Datierung:

3. und 2. Jh. v.Chr.

Beschreibung:

Mundsaum: schräg und kurz (2 bis 5 cm)

Hals: wenig schlank (bis zu 25 cm)

Schulter: mehr oder weniger ausgebildet, manchmal mit scharfer Kante

Gefäßbauch: charakteristisch kreiselförmig

Standfuß: mehr oder weniger lang, ziemlich spitz, manchmal in einer
                breiteren Basis auslaufend

Henkel: geschwungen, leicht gerippt, Ansatz mehr oder weniger vom
                Mundsaum entfernt

Größe: im allgemeinen zwischen 65 und 80 cm, manchmal reduziertes
                Format(Grand Congloue, ähnlicher Typus III, 1a)

Herkunft:
Charakteristische Amphoren des hellenistischen Zeitalters
Süditalien

Fundorte:
Bucht von Briande - Grand Congloue - Agde (13, 418, 421, 480) - Ventimiglia
(Fundschicht 160 v. Chr.) - Lavezzi

Die Übergangsformen

Es sei darauf hingewiesen, daß diese Unterteilung völlig willkürlich ist, denn die Übergangsformen können ebenso der vorangegangenen wie der folgenden Untergruppe angehören.

Typologie:
Republikanisch I (Benoit)

Datierung:
Mitte des 2. bis 1. Jh. v. Chr.

Beschreibung:

Mundsaum: schräg und kurz (2 bis 5 cm)

Hals: ziemlich schlank (Länge einschl. Mundsaum 25 - 35 cm)

Schulter: oft ausgebildet, weniger auf manchen schlankeren Formen
                (III, 2b)

Gefäßbauch: immer noch kreiselförmig, aber mit Entwicklungstendenz zur
                Spindel(2b)- oder Spitzbogenform

Standfuß: unterschiedlich, im allgemeinen ziemlich einfach

Henkel: länger werdend, mehr oder weniger geschwungen, noch nicht
                parallel zum Hals

Größe: zwischen 75 und 95 cm

Herkunft:
Italisch

Wichtige Fundorte:
La Ciotat - Agde (16, 32, 479) - Lavezzi - Ile de Riou - Filicudi

Die jüngeren Formen

Die Höhe dieser Amphoren vergrößert sich beträchtlich, die Untergruppe ist ziemlich einheitlich, und der klassisch-römische Typus ist nah.

Typologie:
Republikanisch III A und III A'(Benoit)

Datierung:
Mitte des 2. Jh. und 1. Jh. v. Chr.

Beschreibung:

Mundsaum: schräg, mehr oder weniger breit (2 - 6 cm)

Hals: ziemlich lang (30 - 40 cm)

Schultern: im allgemeinen gut ausgebildet, manchmal mit Kante

Gefäßbauch: spitzbogenförmig

Standfuß: unterschiedlich, im allgemeinen massiv

Henkel: ziemlich lang, parallel zum Hals

Größe: groß, über 90 cm

Herkunft:
Italisch

Fundorte:
Anthéor A - Anthéor C - Ile Maire - Grand Congloue - Genua Pegli - Cap
Caveau - Capo Mele - Agde (18, 19, 21, 25, 28, 274, 296) - Ventimiglia
Festlandausgrabungen (Fundschicht 90 - 50 v. Chr.)

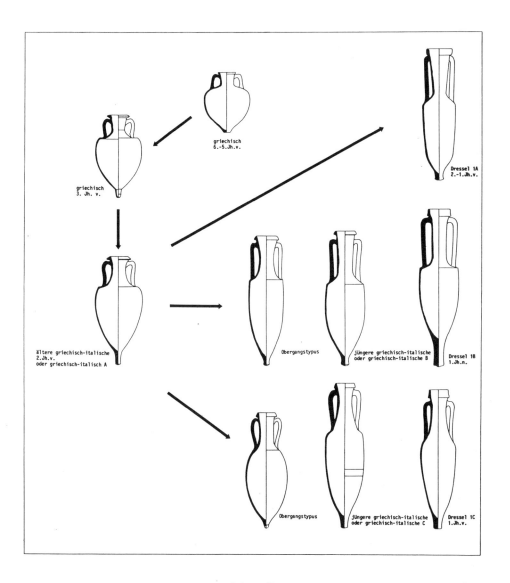

Schema A

Entwicklung der archaisch-griechischen Amphore bis zu den klassisch-
römischen Amphoren

IV, 3

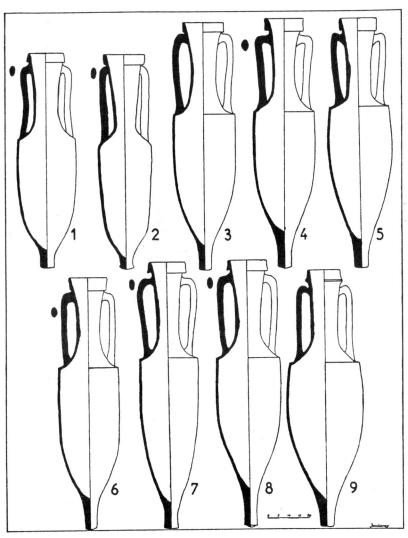

Tafel IV

Klassisch-römische Amphoren. Typus A: 1 und 2, Grand Congloue -
Typus B: 3, Cassis; 4, 6, 7, 8, Dramont A;
5, Albenga; 9, italienische Riviera

Die klassisch-römischen Amphoren mit geradem oder wenig schrägem Mundsaum

(Tafel IV)

Der Anfänger findet in diesem Typus die "Amphore", diejenige, welche man vor allem in Bildwerken am häufigsten darstellt. Dieser Typus stellt tatsächlich einen Höhepunkt in der Ästhetik und in der Töpferkunst dar. Er ist das Ergebnis einer sechs Jahrhunderte währenden Entwicklung sowie des griechischen und später des italischen Einflusses.

Typologie:
Dressel 1
Republikanisch III B (Benoit)
Italisch (Fonquerle)
Lamboglia - Dressel 1 A(IV, 1 und IV, 2), 1 B(IV, 3 - IV, 9). Lamboglia fügt auch eine spindelförmigere, wenig verbreitete Form 10(VI, 1) hinzu

Datierung:
Es sind drei Typen zu unterscheiden, wie Lamboglia das macht:

Typus A: Die Amphore von Grand Congloue (IV, 1 und IV,2), eine Art Urtypus, kleiner und älter, aus der ersten Hälfte des 2. Jh. v. Chr.

Typus B: Die Amphore von Dramont, ausgereifter Typus, größer, aus dem 1. Jh. v. Chr. (bezw. 90 - 60 v. Chr. für das Profil IV,5 und 30 v. Chr für das Profil IV,4)

Typus C: Die Amphore VI, 1 vom Ende des 2. - Beginn des 1. Jh. v. Chr.

Beschreibung:

Mundsaum:	einheitlich vertikal oder kaum schräg, ziemlich lang (bis zu 8 cm, beim Typus von Dramont)
Hals:	sehr lang, 30 cm (Typus A) bis 50 cm (Typus B)
Schulter:	stark ausgebildet, manchmal durch scharfe Kante abgesetzt (Typus B)
Gefäßbauch:	spitzbogenförmig, mit einigen Abarten:
Typus A:	nach oben zu zylindrisch, mit starker Schwingung am unteren Gefäßteil
Typus B:	regelmäßige Spitzbogenform
Typus C:	stärker spindelförmig
Standfuß:	allgemein massiv und zylindrisch, kürzer beim Typus A

Henkel:	sehr lang, parallel zum Gefäßkörper
Größe:	sehr hohe Amphoren, vor allem Typus B
Typus A:	etwa 1 m
Typus B:	etwa 1,15 bis 1,28 m
Typus C:	etwa 1,00 bis 1,20 m

Herkunft:
Italisch

Fundorte:

Typus A: Grand Congloue - Agde (274)

Typus B: Albenga - Dramont - Cassis - Agde (477) - Fos

Typus C: Saint Raphaël - Agde (22) - Capo Mele - Comogli

V. 1a

V. 3

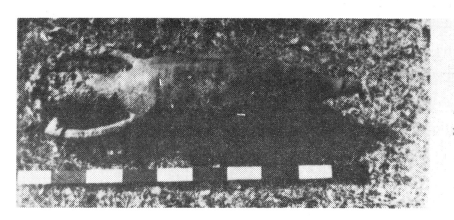

V. 4

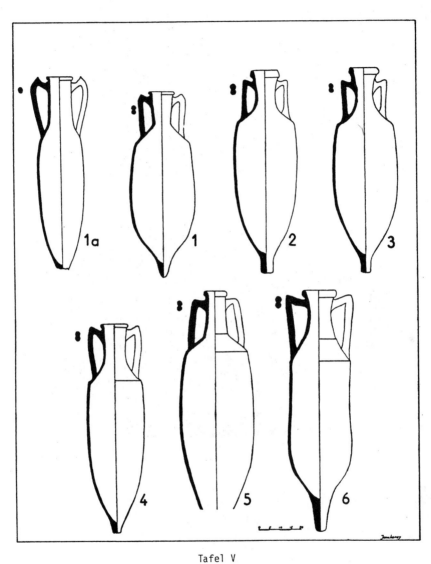

Tafel V

Amphoren der Rhodos-Überlieferung: 1a und 4, Dramont D - 1, Planier -
2 und 3, Dramont B - 5, Dramont -
6, Lavezzi

Die griechisch-italischen Amphoren der Rhodos-Überlieferung oder mit
zweispaltigen Henkeln
(Tafel V)

Italische Amphoren: der Rhodos-Einfluß der zu erkennen ist, wurde manchmal
durch einen Stempel dieses Ursprungs nachgewiesen (Antibes). Auf Tafel V
ist diesen Typen eine Amphore ohne zweispaltigen Henkel (V, 1a) beigefügt.
Die Verwandtschaft dieser Form mit den folgenden ist noch über einige Zwi-
schenformen festzulegen. Es sei auch auf die Form II, 4 hingewiesen.

Typologie:
Republikanisch II (Benoit)
Dressel 2, 3, 4
Lamboglia 3 (einschl. Dressel 2 und 3)
Lamboglia 5 (einschl. Dressel 4, 5, 36, 43, 44, 45) für das Profil V, 1a
Späterer Typus aus Kos (Benoit)
Italisch (Fonquerle)

Datierung:
vom 2. Jh. v. Chr. bis Ende des 1. Jh. n. Chr.
Benoit erkennt von dem ältesten (V,1) bis zum jüngsten Amphorentypus
(V, 6) eine Entwicklung, die von zunehmender Größe begleitet wird.

Beschreibung:

Mundsaum:	immer wulstig, nach Rhodos-Überlieferung, manchmal ziemlich breit (V, 2, 3)
Hals:	eng, mehr oder weniger lang. Die historische Entwicklung scheint nicht von einer Verlängerung begleitet zu sein wie bei den griechisch-italischen Amphoren mit schrägem Mundsaum
Schulter:	ziemlich ausgebildet, meistens durch eine Kante abgesetzt
Gefäßbauch:	von unterschiedlichem, manchmal beachtlichem Fassungsver- mögen (V,5)
Henkel:	zweispaltig; in ziemlich ausgeprägtem Winkel, den man auch den rhodischen Winkel nennt, an den vertikalen Gefäßteil befestigt. Man sollte diesen zweispaltigen Henkeltypus nicht mit dem gerippten oder dem gerillten Typus gleichstellen
Größe:	ziemlich groß, von 85 bis 115 cm

VI, 1   VI, 2a

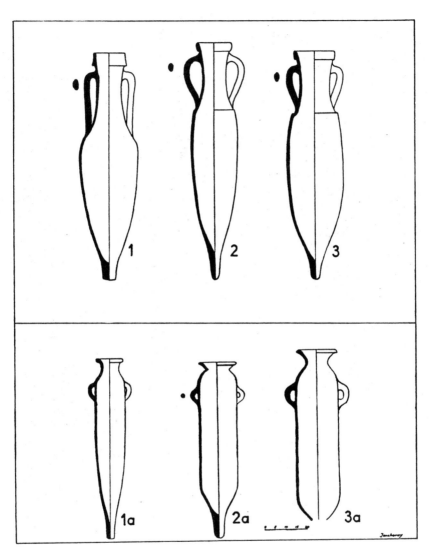

Tafel VI

klassisch-römischer Amphorentypus C: 1, Museum von Saint-Raphaël
klassisch-römische Amphore für Salzlake: 2, 3, Titan
sog. punische Amphore: 1a, Grand Congloue - 2a Dramont A -
3, Madrague de Montredon

Die klassisch-römischen Amphoren mit spindelförmigem
Gefäßbauch "für Salzlake"
(Tafel VI)

Die Definition dieser Gruppe ist sehr vage, die Form des Gefäßes ist die sicherste Verbindung zwischen diesen Amphoren.

Typologie:
Dressel 12
Lamboglia 12 (einschl.Dressel 12 und 13)
Pélichet 48

Datierung:
Aus demselben Zeitalter wie die klassische Weinamphore Dressel 1 (1. Jh. v. Chr. und 1. Jh. n. Chr.), aber im Prinzip für den Salzlakentransport gebraucht.

Beschreibung:

Mundsaum: gerundet, wenig vorspringend

Hals: ausladend

Schulter: wenig ausgebildet

Gefäßbauch: sehr spindelförmig, je länger die Amphore, um so schlanker

              der Gefäßbauch

Standfuß: verlängerte Spitze

Henkel: angewinkelt, gerippt, verflachter Querschnitt

Herkunft:
Südspanien

Fundorte:
Titan (5 verschiedene Typen) - Sanary - Cassis

Die römischen, sog. "punischen Olivenamphoren"
(Tafel VI)

Sehr einheitliche Gruppe, die in französischen Gewässern wenig gefunden wurde. Die Schwierigkeit besteht darin, diese Gruppe zu bestimmen. Die sog. punischen Amphoren sind nicht zeitgenössisch mit Karthago. Manchmal wurden Amphoren mit einem Inhalt geborgen; daraus aber allgemein gültige Rückschlüsse zu ziehen, ist vielleicht ein bißchen gewagt.

Typologie:
Dressel 18, 21, 22 (weiter Hals)
Lamboglia 18 und 21
Mana A, B, C, D, E, viel ältere Formen, spanischer Herkunft, punisch
    beeinflußt
Almagro 53

Datierung:
Form VI, 1a: Anfang 2. Jh. v. Chr. (Benoit)
Form VI, 3a: Anfang 2. Jh.v. Chr.(Benoit)
Form VII, 2a: Mitte 1. Jh. v. Chr.
Aus Fos, jüngere Formen

Beschreibung:

Mundsaum:	im allgemeinen abgesetzter Kragen
Hals:	sehr kurz oder kurz
Gefäßbauch:	zylindrisch, manchmal leicht spindelförmig
Standfuß:	ohne Besonderheiten
Henkel:	in Halbkreisen, Ansätze auf dem Gefäßkörper und nicht auf dem Hals
Größe:	mittlere Größe bis klein

Fundorte:
Wenige Einzelfunde oder zusammen mit einem Vorkommen von Weinamphoren
Grand Congloue - Dramont A - Madrague de Montredon - Fos

VII, 1a

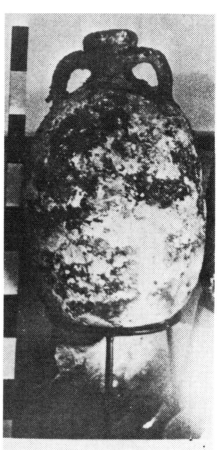

VII, 7

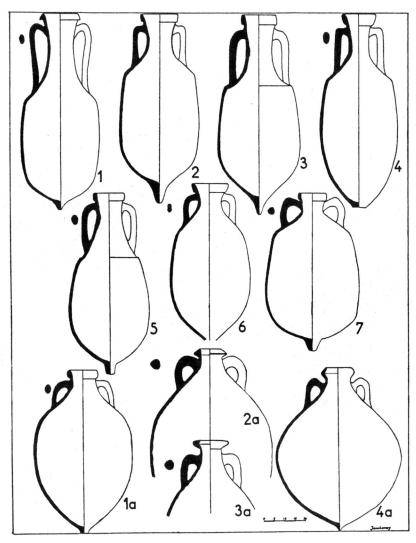

Tafel VII

Griechisch-italische Ölamphoren: 1, Chrétienne A

klassisch-römische Ölamphoren: 2 und 3, Albenga - 4 und 5, Dramont A -
6, Titan - 7, Agay-La Chrétienne

Kugelamphore aus Betica: 1a - 3a, Saint Raphaël - 4a, Spanische Küste

Die "Ölamphoren"
(Tafel VII)

Diese Bezeichnung ist vage, denn sie umfaßt Typen, die sich über mehrere
Jahrhunderte erstrecken: vom Anfang des 2. Jh. v. Chr. bis zum 3. Jh. n.
Chr. Ferner ist sie ungenau, denn es ist möglich, daß viele Formen, die
auf Tafel VII dargestellt werden, Wein, Salzlake oder Kalk enthielten. Sie
ist jedoch die einzig mögliche, um sehr große Exemplare von großem Fassungsvermögen und massivem Profil zusammenzufassen.

Es lassen sich 3 Epochen unterscheiden:

I. Die griechisch-italische Epoche: Form VII,1 in der die Ölamphore
zusammen mit Weinamphoren verladen wurde

II. Die klassisch-römische Epoche: Formen VII, 2 - 7, Ende der Republik,
Anfang des Kaiserreiches, in der die Ölamphore noch zwischen zahlreichen Weinamphoren zu finden ist.

III. Die kaiserzeitliche Epoche: in der die Ölamphore alleine, manchmal
in großen Vorkommen auftritt. Es ist dies die Amphore aus Betica,
Formen VII, 1a bis 4a, die bis zu 90 Liter faßte und dem Transport
von spanischem Öl nach Rom diente.

Es verbleiben noch andere Formen, die schwer einzuordnen sind(VII, 7), weil
sie sich jeweils über zwei Epochen erstrecken.

I. Griechisch-italische Ölamphoren

Nur eine Form wird dargestellt; sie datiert aus der Mitte des 2. Jh. v. Chr.

Mundsaum: charakteristisch schräg und kurz

Gefäßbauch: massiv, ebenso wie die Henkel

Die Herkunft ist dieselbe wie bei den anderen griechisch-italischen Typen.

II. Klassisch-römische Ölamphoren

Diese Gruppe umfaßt Formen, die schwer zu definieren sind, da nur wenige Details sie von den auf Tafel VIII oder Tafel IX dargestellten Amphoren trennen. Diese Ähnlichkeiten erklären vielleicht eine Verwandtschaft zwischen mehreren Gruppen. Man muß also sehr vorsichtig sein: die Form VII, 6 ist von der Form VIII, 1a wenig verschieden; oder die Form VII, 5 von der Form VIII,3.

Typologie:

Lamboglia, Form 2, zwischen Dressel 1 und Dressel 2."Römisch"(Fonquerle).

Datierung:

Aus derselben Epoche wie die klassische Weinamphore, nach Dressel 1 (1.Jh. v. Chr.), kommt sie auch an den gleichen Fundorten vor, wurde aber meistens für den Öltransport benutzt.

Beschreibung:

Mundsaum:	im allgemeinen gerade und wenig abgesetzt, später, an den jüngeren Formen abgerundet
Hals:	ziemlich kurz (VII, 6) bis mittellang (VII,3)
Schulter:	mehr oder weniger, manchmal durch eine Kante abgesetzt(VII,3)
Gefäßbauch:	von großem Fassungsvermögen, oft eiförmig (VII, 6), birnenförmig (VII, 5) oder spindelförmig (VII, 3).
Standfuß:	im allgemeinen massiv
Henkel:	massiv, denn die gefüllte Amphore war schwer. Im allgemeinen voll, aber zweispaltig bei VII,6.

Man könnte sie mit einer klassischen Weinamphore vergleichen, bei der durch die verringerten vertikalen Dimensionen und die vergrößerten Horizontalen jede Eleganz verlorengegangen ist.

Herkunft:

Italisch, dann aus Betica

Wichtige Fundorte:

Albenga: 90 - 70 v. Chr. - Dramont A - Agde (307) - Fos - Titan - Ventimiglia (Fundschicht 30 v. Chr.) - Athen - Cádiz - Oberaden - Haltern.

III. Amphoren aus Betica oder "Kugelamphoren"

Manchmal in beachtlichen Vorkommen an französischen Küsten sehr verbreiteter Typus.

Typologie:

Dressel 19 - 20
Lamboglia 19 - 20
Römisch aus Betica (Fonquerle)

Datierung:

Ende des 1. Jh.v. Chr. bis 3. Jh. n. Chr. Die Entwicklung dieser Form ist gut bekannt, denn diese Amphoren tragen sehr oft Stempel, d. h. sie sind verhältnismäßig genau datiert. Die Form der ältesten, mittlerer Größe, hat den Mundsaum aus einem gerundeten Wulst, ohne mittlere Kante. Sie sind ziemlich selten und hier nicht dargestellt. Später, mit Beginn der zweiten Hälfte des 1. Jh. n. Chr. verlängert und verjüngt sich der Hals, obwohl sich der Mundsaum erweitert und verflacht und der Querschnitt kennzeichnend wird: von außen eine Schrägkante und von innen eingerückt. Der Gefäßbauch wird sehr massiv, die Bauchwandung sehr stark. Mit Beginn des 2. Jh. kürzt sich der Hals, was eine Verkleinerung der Henkel mit sich bringt, der Durchmesser wird kleiner, wohingegen die Kante des Schrägschnittes schärfer wird. Der sehr unregelmäßige Gefäßbauch kann riesengroß sein.

Anfang 1. Jh.   Ende 1. - Anfang 2. Jh.   2. - 3. Jh.
Schema B. - Entwicklung der Kugelamphore von Betica

Beschreibung:

Mundsaum:	unbedeutend
Hals:	kurz, häufig eine Rille im Innernen, durch die der Verschluß-deckel besser halten sollte (Form VII, 3a)
Gefäßbauch:	kugelförmig, ohne Schulter, manchmal mit sehr sehr großem Umfang
Henkel:	Kreisviertel mit rundem Querschnitt, klein
Größe:	sehr verschieden

Herkunft:
Betica

Fundorte:
Ile Maire B - Boulouris - Agde (26) - Fos - Planier A - Vellepey - Rom (Monte Testaccio) - Lavezzi

VIII, 1

VIII, 2

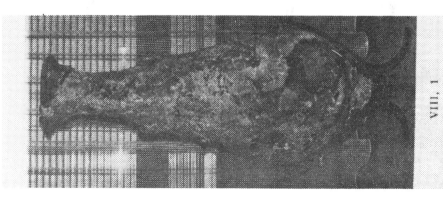

VIII, 2a

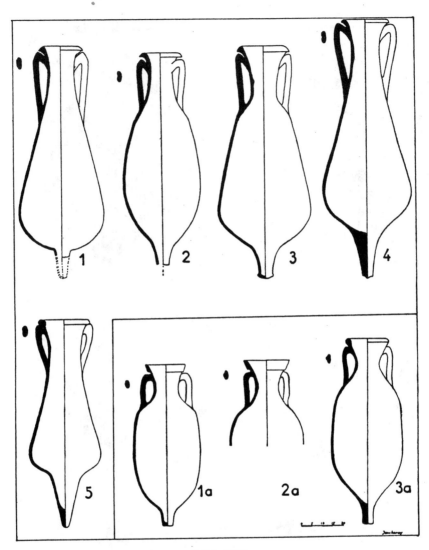

Tafel VIII

Birnenförmige Amphoren des römischen Kaiserreiches:
1, Cap Bénat (Privatsammlung) - 2, Saint Raphaël (Cap Roux) -
3, ital. Riviera - 4, Agay-La Chrétienne B - 5, Planier

Eiförmige Amphoren des römischen Kaiserreiches:
1a, Agay - 2a, Saint Raphaël (Le Trayas) - 3a, Fos

Birnenförmige Amphoren des römischen Kaiserreiches für Salzlake
(Tafel VIII)

Typologie:

Dressel 6, 7, 8, 9, 15, 38
Lamboglia 7 (einschl. Dressel 7 bis 11 und 41)
Lamboglia 6 (einschl. Dressel 6 und 15)
Lamboglia 38 (Dressel 38)
Pélichet 46
Römisch aus Betica (Fonquerle)

Datierung:

1. Jh. n. Chr., - Anfang 2. Jh. n. Chr., genauer: von Augustus bis Claudius, aber die Entwicklung der Formen geht unmerklich ohne brüsken und datierbaren Übergang in andere Typen über.

Beschreibung:

Mundsaum:	nicht sehr hoch, im allgemeinen gerundet, sehr schräg
Gefäßbauch:	charakteristisch, birnenförmig, ohne (VIII, 1) oder mit leichtem Schulterknick (VIII, 2, 3)
Hals:	ausladend in Form eines Blütenkelches mit sehr schrägen Lippen, im allgemeinen eng, aber auch etwas weiter (Dressel 38 und VIII, 5)
Standfuß:	sehr dick, voll (VIII, 4) oder hohl (VIII, 1 - 3)
Größe:	unterschiedlich, aber im allgemeinen sehr groß, bis zu 1,15m

Mehrere Merkmale dieser Amphore variieren und es könnte eine chronologische Entwicklung gefunden werden.

Herkunft:
Iberisch

Wichtige Fundorte:
Agay - La Chrétienne B - Planier 4 - Lavezzi - Fos - Agde - Diana Marina - Saint-Tropez - La Moutte.

Die eiförmigen Amphoren des römischen Kaiserreiches
mit ausladendem Hals
(Tafel VIII)

Amphoren von kleiner oder mittlerer Größe mit vielseitigem Verwendungszweck: Salzlake, Öl, evtl. Wein. Sie nähern sich durch eine noch zu bestimmende Entwicklung einigen Formen der Tafel VIII und denjenigen der Tafel VII.

Typologie:
Dressel 10 - 24
Römisch aus Betica (Fonquerle)

Datierung:
1. Jh. n. Chr. und evtl. 2. Jh. n. Chr.

Beschreibung:

Mundsaum:	ziemlich weit
Hals:	ausladend
Schulter:	wenig ausgebildet
Gefäßbauch:	eiförmig
Standfuß:	ziemlich lang, manchmal hohl, was ihn den Amphoren der Formen VIII, 1 - 5 annähert
Henkel:	klein, oft mit einer tiefen Rille, was sie den Amphoren der Formen VII, 6 annähert (jedoch nicht als zweispaltige Henkel zu betrachten).
Größe:	ziemlich klein, zwischen 65 und 80 cm

Herkunft:
Betica im besonderen

Fundorte:
Agay - Agde (29) - Fos - Planier 5

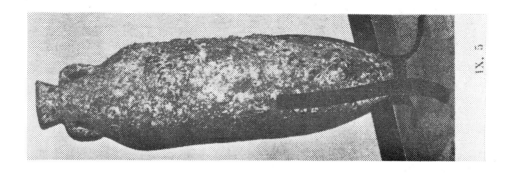

IX, 5

IX, 4

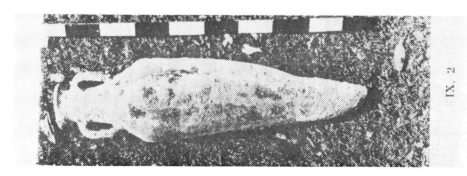

IX, 2

IX, 1

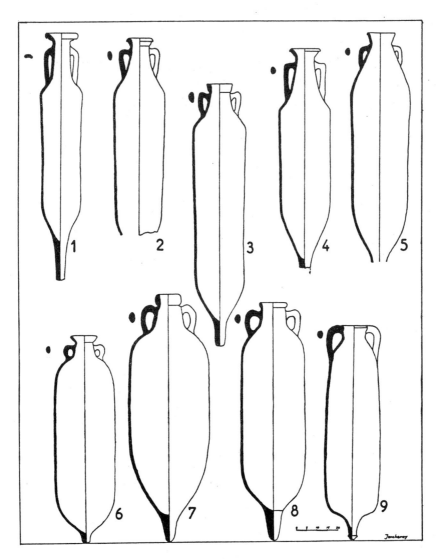

Tafel IX

Zylindrische Amphoren des oströmischen Reiches:
1, Dramont E - 2, Saint Raphaël - 3, Agay - 4, Saint-Raphaël -
5, 6, Cap Bénat (Privatsammlung) - 7, 8, 9, Planier

Die zylindrischen Amphoren des oströmischen Reiches
(Tafel IX)

Die Gruppe zeichnet sich durch einen absolut zylindrischen Gefäßkörper,
einen kurzen Hals und kleine Henkel aus. Es sei auf die enormen Größenunter-
schiede hingewiesen. Einige Amphoren sind sehr klein, bis zu 40 cm hoch,
andere sind riesengroß und faßten 60 - 80 Liter. In Tafel IX sind diese
Extreme nicht veranschaulicht, sie sind jedoch nicht selten. Diese Amphoren
sind in Frankreich sehr verbreitet.

Typologie:
Dressel 26 - 27 und 37
Lamboglia 27 (einschl. Dressel 27 und 37)
Almagro 52
Römisch aus Betica (Fonquerle)
Byzacena (Nordafrika)

Datierung:
3. - 5. Jh. n. Chr.

Beschreibung:

Mundsaum: wenig hervorspringend, manchmal ausladender Kragen (IX, 4,5)

Hals: allgemein kurz, manchmal unter dem Mundsaum nicht vorhanden
                (IX, 9)

Schulter: wenig ausgebildet, niemals mit Kante

Gefäßkörper: zylindrisch, manchmal nach oben (IX,5) oder nach unten zu
                kaum etwas weiter(IX, 9)

Standfuß: unterschiedlich, manchmal sehr lang (enge Formen: IX, 1),
                manchmal hohl (IX, 5), manchmal Knopf (IX,9), manchmal klein,
                spitz (weite Formen: IX, 6)

Henkel: klein, manchmal gerippt, oberes Ende am Hals befestigt, was
                sie von den sogenannten punischen Amphoren unterscheidet

Größe: extrem unterschiedlich, mit Fassungsvermögen von 5 bis 80
                Liter

Fundorte:
Cap Roux - Planier 7 - Port-Vendres - Cap Bénat - Agde (15) - Bonifacio -
Fos - Antibes

X, 1a

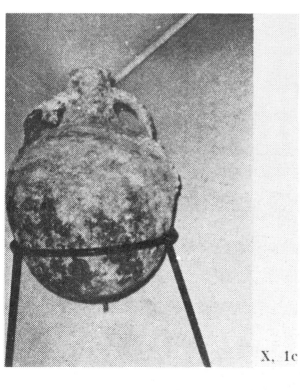

X, 1c

X, 1d

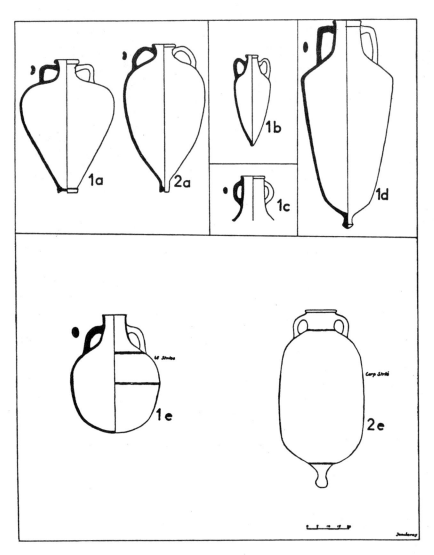

Tafel X

Amphoren des römischen Kaiserreiches mit kurzem Hals und kegelförmigem
Gefäßbauch:
    1a, Agay (Privatsammlung) - 2a, Planier

Amphoren des oströmischen Reiches:
    1c, Fos - 1b, Ile de Riou - 1d, Dramont

Byzantinische Amphoren:
    1e, Agay - 2e, Insel Chios

Die Amphoren des römischen Kaiserreiches mit kurzem Hals und gekrümmtem Henkelquerschnitt

(Tafel X)

Homogene Gruppe, denn die Formen sind wenig verschieden, mit 2 Haupttypen:
1. mit flachem Boden
2. mit spitzem Boden

Die Schwierigkeit besteht darin, eine Bezeichnung für diese Gruppe zu finden, die keine ausgeprägten Merkmale hat, wäre bei einigen Formen nicht der flache Boden.

Typologie:
Dressel 28, 29, 30, 31
Pélichet 27
Lamboglia 28 (einschl. Dressel 28)
Lamboglia 30 (einschl.Dressel 30)
Lamboglia 29 (einschl. Dressel 29 und 31)
Römisch aus Betica (Fonquerle)

Datierung:
1. Jh. - 3. Jh. n. Chr.

Beschreibung:

Mundsaum:	gerundet
Schulter:	nicht abgesetzt, gerundet
Gefäßbauch:	kugelförmig im oberen Teil, kegelstumpf-, manchmal spitzbogenförmig im unteren Teil
Standfuß:	2 Typen:

1. Der häufigste (X, 1a): flacher Boden, mit Durchmesser bis zu 10 cm (begleitet von kegelstumpfförmigem Gefäßbauch)

2. Aber auch (X, 2a): spitzer Boden (begleitet von spitzbogenförmigem Gefäßbauch)

Henkel:	abgeflacht, Querschnitt gekrümmt, der Henkelansatz ist breit mit dem oberen Teil des Gefäßhalses verbunden, der untere Henkelansatz bildet einen rechten Winkel mit dem Gefäßbauch
Größe:	ziemlich gleichbleibend, zwischen 60 und 70 cm (Unterschied zu einer archaisch-griechischen Amphore)

Fundorte:

Lion de Mer, Saint Raphaël - Villepey - Etang de Thau (größter Strand-
see Frankreichs) - Bandol - Fos - Agde(33, 305)

Andere Amphoren des oströmischen Reiches

(Tafel X)

Form X, 1b:
- sehr kleine Henkel, ihre Größe kennzeichnet sie.
- kurzer Hals, spitzbogenförmiger Gefäßbauch.
- Ile de Riou.

Form X, 1c:
- Der Amphorenhals zeichnet sich durch die auf ihm und nicht auf dem Gefäß-
bauch befestigten Henkel aus
- Der Gefäßbauch (nach einem in der GALLIA erschienenen Foto) scheint zylin-
drisch oder verlängert eiförmig zu sein; in seinem oberen Teil etwas weiter.
- Fos
- Vielleicht an den Schluß von Tafel VI aufzunehmen.

Form X,1d:
- Große Amphore, kennzeichnend durch ihre Form.
- Dramont

Die byzantinischen Amphoren
- Amphoren des frühen oströmischen Reiches -

Wenig verbreitete Formen in Frankreich, häufiger im östlichen Mittelmeer.

Typologie:

Dressel 34?

Datierung:

6. - 10. Jh. n. Chr.

Beschreibung:

Schwierig, was die Form anbelangt, obwohl der kugelförmige Typus ohne Standfuß häufiger ist. Ein festzuhaltendes Merkmal: zahlreiche und tiefe Rillen
im Zickzack auf dem Gefäßkörper, nicht zu verwechseln mit den eher ver-
wischten Rillen, wie sie einige Exemplare aufweisen, die mit den Formen
X, 1a und 2a verwandt sind. Auch nicht zu verwechseln mit den Rillen eini-
ger italischer Formen, die immer geradlinig und in geringer Anzahl vorhanden sind(III, 1b - 4c, VI, 1)

Fundorte:
Insel Chios - türkische Küste - Agay

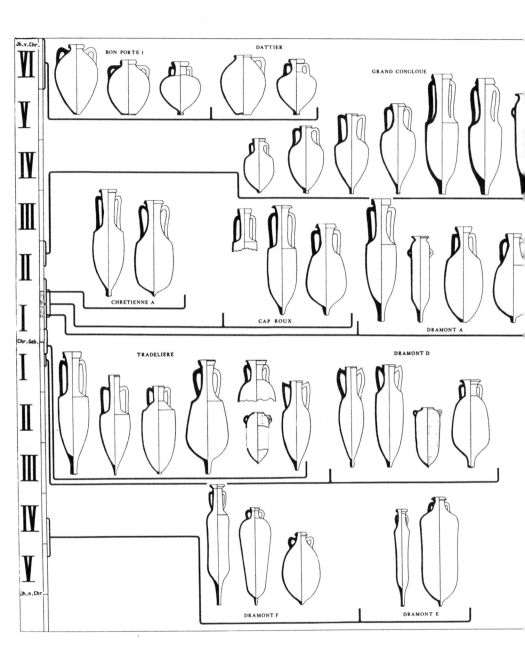

Schema C

Einige Beispiele für verschiedene Amphorentypen auf zeitgenössischen Wracks

Das Nebeneinander von Amphoren
(Schema C)

In diesem Band war oft von zeitgleichen Amphoren die Rede, die manchmal in dem selben Wrackhügel nebeneinander vorkamen. Auf einer Tafel zusammengestellte genaue Beispiele geben einen besseren Überblick über dieses Nebeneinander. Die meisten dieser Beispiele beziehen sich auf die Grabungen der Société d'Archéologie Subaquatique de Fréjus - Saint-Raphaël (Gesellschaft für Unterwasserarchäologie Fréjus - Saint-Raphaël).

Auf dem Schema C sind die Amphoren nach Wracks gegliedert, mit einer gemeinsamen Zeitskala. Unter anderem ist festzustellen, daß einige Amphorentypen zwei zeitgenössischen Wracks gemeinsam sind. Den Rekord an Formenvielfalt scheint das Wrack von der Tradelière zu halten, wo der Grabungsleiter, P. Fiori, elf unterschiedliche Amphoren erkennen konnte.

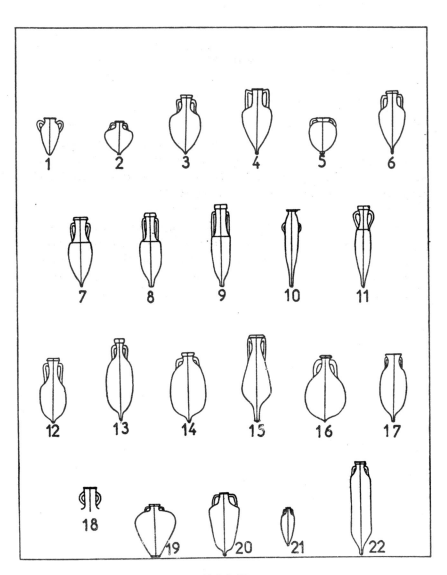

Tafel XI

Die "Form" als Merkmal der Amphore

(Der Größenmaßstab ist nicht berücksichtigt)

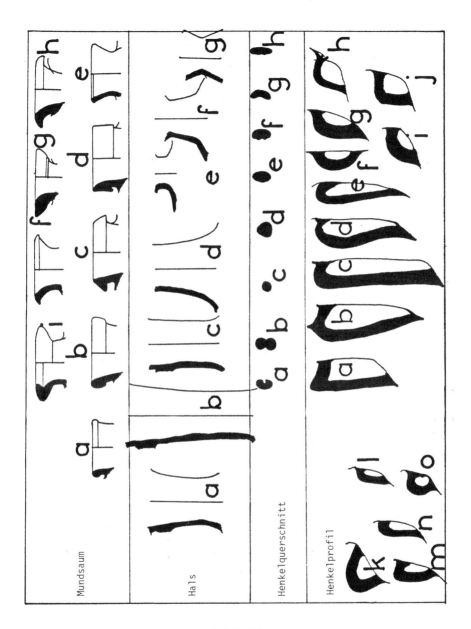

Tafel XII

Merkmale der Amphore

Der Versuch einen Amphorenhals zu bestimmen

(Tafel XII und Tabelle II)

Es kommt häufig vor, daß ein Taucher versucht, anhand eines Amphoren-
halses oder anderen Amphorenteiles die Epoche zu bestimmen, aus der sie
stammt. In der Mehrzahl der Fälle ist dies möglich.

Für die Bestimmung werden auf Tabelle II einfache und charakteristische
Kriterien benutzt. Zur weiteren Bestimmung einer Amphore müßte man noch
die Form der Schulter, des Gefäßbauches und des Standfußes berücksichtigen.
Dies ist aber im Rahmen dieses Buches nicht geschehen.

Hinweis zu Tabelle I

Die Zahlen in Spalte 1 und 2 beziehen sich auf Tafel XI. Die gemischten
Zahlen in Spalte 3 (z.B. III, 2b) beziehen sich auf Tafel I - X.

Anmerkung zu Tabelle I und II

Mit den Begriffen römisches und oströmisches Kaiserreich wird die römische
Geschichte bis, beziehungsweise nach 476 n. Chr. bezeichnet.

- 70 -

Tabelle I
Bestimmung einer Amphore nach ihrem Profil
(Tafel XI)

Körper mit Rillen: Rillen tief und zahlreich		- Byzantinische Amphoren (X, 1e und X, 2e)
Glatter Körper oder mit weniger als 10 Rillen oder Riffeln	+ Oberer und unterer Henkelansatz: -Beide auf dem Körper (1, 10) -Beide auf dem Hals (18) -Der untere auf dem Gefäßbauch und der obere auf dem Hals (5, 8, 9, 15, 16, 19, 22)	- Sektion I - Amphore des oströmischen Kaiserreiches (X, 1c) - Sektion II
Sektion I	+ Kreiselförmiger Körper mit wenig abgesetztem Fuß (1) + Zylindrisch-länglicher Körper (10)	- Etruskische Amphoren (I, 1a) - Sogenannte punische Amphoren(VI,1a - 3a)
Sektion II Zylindrischer Körper (22) Kugeliger Körper (5, 16) Birnenförmiger Körper (15) Kegelstumpfförmiger Körper (20) Andere Formen	+ Glimmerhaltige Paste + Paste ohne Glimergehalt + Glimerhaltige Paste + Paste ohne Glimmergehalt	- Amphore des oströmischen Reiches, zylindrisch (IX) - Ältere massaliotische Amphore (I,1c - 3c) - Amphore aus Betica, für Öl (VII,1a - 4a) - Amphore des römischen Kaiserreiches für Salzlake (VIII, 1 - 5) - Amphore des oströmischen Reiches(X, 1d) - Massaliotische Amphoren (I, 1c - 4d) - Sektion III
Sektion III Zweispaltige Henkel Volle oder gerillte Henkel	+ Sehr (mehr als 30 cm) langer Hals spitzbogenförmiger Körper: - schräger Mundsaum (8) - gerader Mundsaum (9) + Kurzer Hals, gekrümmter Henkel-querschnitt,besonderer Gefäßbauch(19) + Mittlere Halslänge	- Amphoren der Rhodos-Oberlieferung (V) - Jüngere griechisch-italische Amphoren (III, 1c - 4c) - Klassisch-römische Amphore (IV) - Amphore des römischen Kaiserreiches mit kegelstumpfförmigem Gefäßbauch (X, 1a) - Sektion IV
Sektion IV Spindel- oder spitzbogenförmiger Körper (7, 11, 21) Mehr oder weniger eiförmiger Körper (12, 13, 14, 17) Kreiselförmiger Körper, bis zu 50 cm groß (2) Kreiselförmiger Körper, über 50 cm groß (3, 4, 6)	+ Sehr klein (21) + Groß (7, 11) + Massives Profil (12, 13, 14) + Eleganteres Profil mit ausladendem Kragen (17) + Größe bis zu 75 cm, Mundsaum leicht schräg (3, 4) + Größe über 75 cm, Mundsaum schräg (6)	- Amphoren des oströmischen Reiches (X, 1b) - Sektion V - Sektion VI - Amphore des römischen Kaiserreiches, eiförmig (VIII, 1a - 3a) - Archaisch-griechische Amphore (I, 1b) - Jüngere griechische Amphoren (II, 1 - 5) - Ältere griechisch-italische Amphoren (III, 1a - 4a)
Sektion V	+ Ausladender Kragen, geschwungene Henkel (11) + Schräger Mundsaum (7)	- Klassisch-römische Amphoren für Salzlake (VI, 2, 3) - Griechisch-italische Amphoren (III, 2b)
Sektion VI	+ Schräger, kurzer Mundsaum (12) + Gerader oder wulstiger Mundsaum (13, 14)	- Griechisch-italische Amphoren, für Öl (VII, 1) - Klassisch-römische Amphore, für Öl (VII, 2 - 7)

- 71 -

Tabelle II
Bestimmung einer Amphore nach ihrem Hals
(Tafel XII)

Kennzeichnendes Bestimmungselement	Darstellung auf Tafel XII	Weitere Merkmale	Bestimmung
Paste: glimmerhaltig		+sehr kurzer Hals +abgesetzter Hals	-ältere massaliotische (I, 1c - 3c) -jüngere massaliotische (I, 1d - 4d)
Mundsaum:	Typus c schräger Mundsaum (von 2 - 5 cm) Typus d weiter Mundsaum vertikal Typus h kelchförmig ausladender Hals Typus i	+kurzer Hals +langer Hals +massives Aussehen +langer Hals +massiv +kurzer Henkel +langer Henkel, ohne Schulter +langer Henkel, mit Schulter +massiver Querschnitt des runden Henkels	-ältere griechisch-italische (III, 1 - 6) -jüngere griechisch-italische (III, 7 - 11) -griechisch-italische Öl- amphore (VII, 1) -klassisch-römisch (IV;VI, 1) -klassisch-römische Öl- amphoren (VII, 2 - 5) -römisches Kaiserreich, eiförmig (VIII, 1a - 3a) -römisches Kaiserreich, birnenförmig (VIII, 1 - 5) -klassisch-römische Salz- lakenamphoren (VI, 2 - 3) -Ölamphoren aus Betica (VII, 1a - 4a)
Henkelquerschnitt:	Typus b zweispaltiger Querschnitt Typus g	+kurzer Hals, Mundsaum Typus a und b	-Rhodos-Oberlieferung (V) -römisches Kaiserreich, mit kegelstumpfförmigem Gefäßbauch (X, 1a und 2a)
Henkelprofil:	Typus b Typus f Typus k Typus m oder o	+Henkelbefestigung am Hals +Henkelbefestigung am Körper	-Rhodos-Oberlieferung (V, 1a) -oströmisches Reich (X, 1c) -römische, sogenannte punische (X, 1a - 3a) -etruskische (I,1a und 2a) -oströmisches Reich, zylin- drisch (IX, 1 - 8)
Bei schwieriger zu bestimmenden Formen:			-siehe die Profile I, 1b; II, 1 - 5; VII, 2 - 7; IX, 1 -9; X, 1b, 1d, 1e, 2e

ANHANG

Amphoren der Tafel Dressel 2

Entsprechend der Gewohnheit die Jahre nach den Namen der Consulen zu bezeichnen, erhält man für die abgebildeten Amphoren folgende Consulenjähre:

Form 1: von 129 v. - 13 v.Chr.

Form 2: von 16 v. - 29 n.Chr.

Form 3: von 28 v. - 146 n.Chr

Form 4: von 5 v. - 24 n.Chr.

Form 5: Einziges Exemplar 12 v.Chr.

Form 6: Einziges Exemplar 36 n.Chr.

Alle diese Typen haben ihren Ursprung in Italien. Sie dienten der Aufbewahrung und dem Transport von Wein bis Germanien und Indien. Form 1 ist die häufigste Form. Sie ist daher auch am besten untersucht und wird von Spezialisten in verschiedene Varianten unterteilt. Die Formen 7 - 15 enthielten in Salz konservierte Fische. Wahrscheinlich waren sie hauptsächlich im 1. Jh. n. Chr. in Gebrauch. Diese Formen kommen fast alle aus dem Süden Spaniens, der Betica. Lediglich Form 12 ist italisch. Sie war um die Zeitwende und im ersten nachchristlichen Jahrhundert in Gebrauch. Eine Tatsache, die sich aus dem Untergang der Titan beweisen läßt, in deren Ladung diese Form vorgefunden wurde.

Die für den Salzfisch gebräuchlichste Form dürfte Amphore 8 gewesen sein, die im 2. Jh. n. Chr. die größte Verbreitung fand. Form 20 ist eine Olamphore und diente vor allem im 2. und 3. Jh. n. Chr. dem Olivenexport von Südspanien nach Rom und anderen Verbrauchszentren im Mittelmeerraum. Ihr Ursprung liegt ebenfalls in der Betica.

Form 26 und 27 sind dem 3. Jh. n. Chr. zuzuordnen. Sie wurden aller Voraussicht nach an vielen Orten des römischen Imperiums hergestellt. Alle übrigen Formen entstammen späteren Zeiten, doch ist ihr Alter z. T. noch unbestimmt. Manche entsprechen auch schon in ihrem Aussehen byzantinischen Typen, z. B. Form 35. Sie ähnelt den Amphoren aus dem Wrack von Yassi Ada.

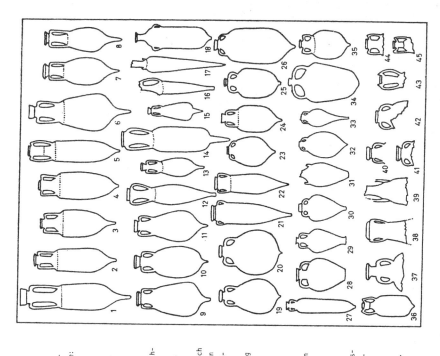

Antike Amphoren zur Aufbewahrung von Handelsgütern

Die Tabelle von Dressel wurde 1950 von dem Direktor des Museums von
Ibiza, José-Maria Mana, mit bedeutenden Ergänzungen vervollständigt.

Typus 1: italisch, 1. Jh. v. Chr.
Typus 2: italisch, 2. Jh. v. Chr.
Typus 3: italisch, 1. Jh. v. Chr.
Typus 4: spanisch, 1. Jh. v. Chr.
Typus 5: wahrscheinlich spanisch, 2. Jh. n. Chr.
Typus 6: griechischer Typus aus Massalia, zwischen 6. und 4.Jh.v.Chr.
Typus 7: griechischer Typus aus Massalia, zwischen 5. und 4.Jh.v.Chr.
Typus 8: griechisch-italisch, ca. 3. Jh. v. Chr.
Typus 9: leichte Variante von Typus 8, ca. 3. Jh. v. Chr.
Typus 10: griechisch-italisch, ca. 2. Jh. v. Chr.
Typus 11: wahrscheinlich aus Karthago, zwischen 5. und 3. Jh. v. Chr.
Typus 12: wahrscheinlich aus Karthago, ca. 6. oder 5. Jh. v. Chr.
Typus 13: wahrscheinlich karthagisch-iberisch, ca. 3. oder 2.Jh.v.Chr.
Typus 14: wahrscheinlich karthagisch-iberisch, ca. 4. oder 5.Jh.v.Chr.
Typus 15: wahrscheinlich karthagisch-iberisch, ca. 4. oder 3.Jh.v.Chr.
Typus 16: iberisch, ca. 3. Jh. v. Chr.
Typus 17: wahrscheinlich punisch, ohne weitere Datumsangabe
Typus 18: noch nicht identifiziert
Typus 19: noch nicht identifiziert

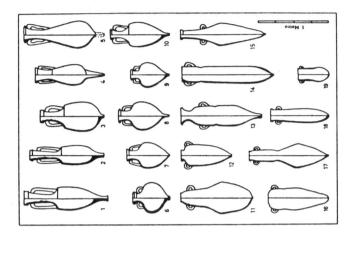

- 78 -

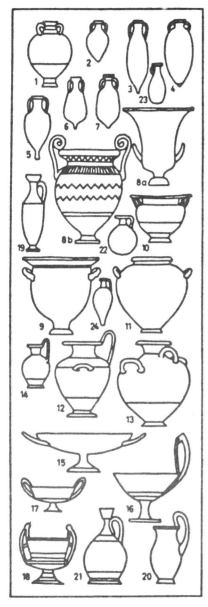

Antike Ziergefäße und Tafelgeschirr

Typus 1: Gefäß mit zwei Henkeln, entspricht den gewöhnlichen Amphoren, hat jedoch meistens einen Standfuß. Die Form kann unendlich verändert werden. Die Variationen gehen vom einfachen Anforidion, der als Hausgeschirr benutzt wurde, bis zur standfußlosen Amphore, die reich verziert war und ein reines Kunstobjekt darstellt.

Typus 2: Amphore als Fischbehälter, zwischen 4. und 5.Jh. v. Chr.

Typus 3: Amphore für Wein, ca. 2 .Jh. v. Chr.

Typus 4: Amphore für Öl, ca. 2. Jh. v. Chr.

Typus 5: Amphore für Wein, ca. 2. Jh. v.Chr.

Typus 6: Amphore für Öl, zwischen 2. und 1. Jh. v. Chr.

Typus 7: Amphore für Öl, ca. 1. Jh. v. Chr.

Typus 8: Gefäß für das Mischwasser zum Wein; eine Variante von Typus 7

Typus 9: Oxybyphon, eine weitere Variante von Typus 7

Typus 10: Kelebes: Hausgerät

Typus 11: Stamnos: Hausgefäß

Typus 12: Idria, eine Vase mit eher dickem Gefäßbauch und mit drei Henkeln

Typus 13: der Kalpis unterscheidet sich vom Idria nur durch den tiefer gelegenen Henkel; Idria ist ein Vasentypus der häufig dekoriert wurde

Typus 14: Oinochoe: altgriechische Weinkanne mit Henkel

Typus 15: Kylix: griechische Trinkschale

Typus 16: ein Kylix mit nur einem einzigen Henkel. Der Kylix ist eine der hübschesten Vasen der Griechen. Die Varianten sind unzählig und fast immer verziert.

Typus 17: Kantharos: griechischer Becher mit zwei geschweiften hochgezogenen Henkeln; auch dieser Typus hat wunderschöne Verzierungen.

Typus 18: Karchesion, könnte eine Variante des Typus 17 sein

Typus 19: Lekythos, Gefäß für Duftflüssigkeiten. Wurde wie Olpe (Typus 20) und Lekythos ariballico (Typus 21) zur Aufbewahrung von wertvollen Flüssigkeiten wie Parfüm und Balsam verwendet

Typus 22: Ariballos mit Kugelform

Typus 23: Bombylios, eine Variante von Typus 22

Typus 24: Kotyliskos, eine Variante von Typus 22

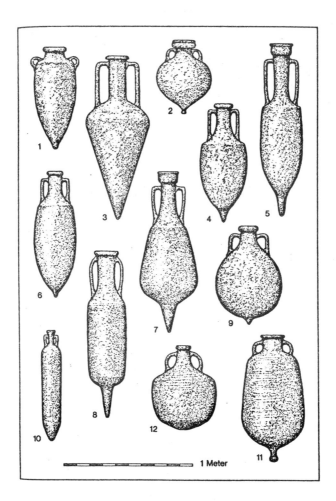

Amphorentypen aus der Zeit vor Christus:

1. karthagisch, 6. - 5. Jh
2. griechisch (Massalia), 6. - 4. Jh.
3. rhodisch, 4. Jh.
4. griechisch-italisch, 2. Jh.
5. römisch, Jahr 129 - 13

Amphorentypen aus der Zeit nach Christus:

6. Jahr 4 - 25
7. römisch um das Jahr 36
8. römisch-iberisch, 1. Jh.
9. römisch-iberisch, 2. - 3. Jh
10. römisch, 3. Jh.
11. byzantinisch, 6. Jh.
12. byzantinisch, 7. Jh.

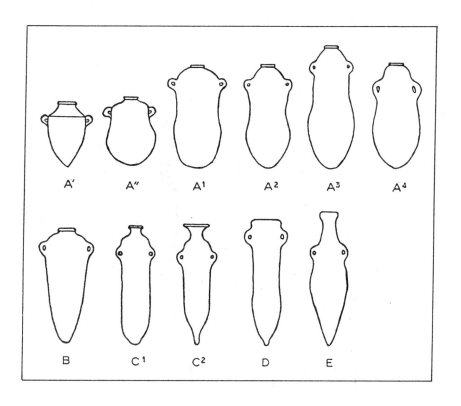

A′   A″   A¹   A²   A³   A⁴

B   C¹   C²   D   E

Entwicklung der phönizischen und punischen Amphoren (nach José M. Mana)

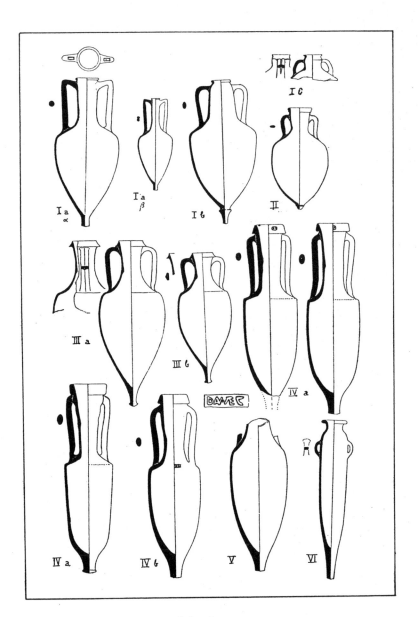

Amphorentypen

Ia,α, Rhodos, groß, h = 0,80 m; Ia,β, Rhodos, klein, h = 0,50 m;
Ib, Cnide, h = 0,79 m; Ic, unbestimmbarer Hals; II, griechisch,
kreiselförmig, h = 0,65 m; IIIa, griechisch-italisch, groß,
h = 88 - 0,90 m; IIIb, griechisch-italisch, klein, h = 0,63 m;
IVa, römisch, mit SES, h = 1,02 m; IVb, römisch, mit DAV.ATEC,
h = 0,98 m; V, römisch, spindelförmig, h = 0,83 m, ohne Hals;
VI, punisch, h = 0,82 m.

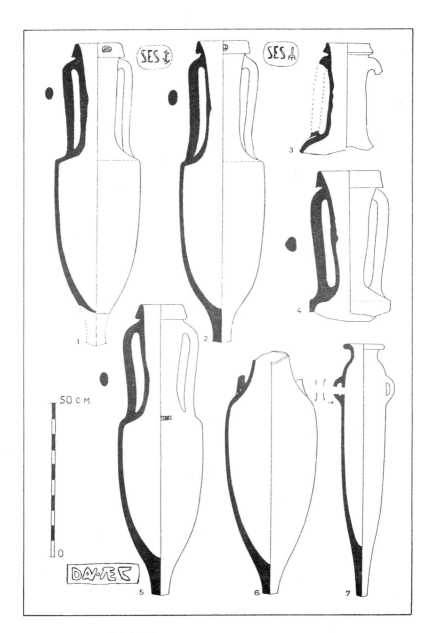

Römische Amphoren

1 - 2, römische Amphoren des M. Sestius

  3, Hals der Amphore mit Halsansatz

  4, Hals der römischen Amphore mit Gefäßbauchansatz

  5, römische Amphore mit D.AU

  6, römische Amphore mit Spitzbogen- oder Spindelform

  7, Amphore des punischen Typus

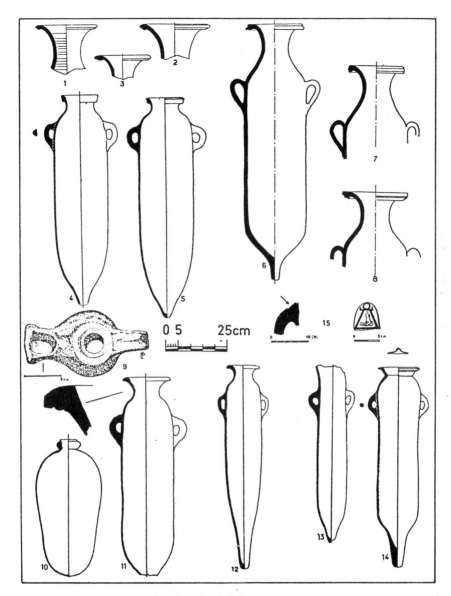

Punische und punisch-iberische Amphoren

1-2,

3, angeschwemmter, unbestimmter Kopf, Isola Verte

4-5, aus der Felsenheimat der Teste Nègre aus Pennes

6-8, Ausgrabung in Lixus (Tétouan)

9, punische Lampe vom Festland

10, Wassergefäß von der katalonischen Küste

11, punisch-iberische Amphore, angeschwemmter Körper mit Hals

12, punisch-iberische Amphore, angeschwemmter Körper, Grand Congloue

13, bei der Insel Maire im Meer gefundene Amphore

14, Oliven-Amphore, angeschwemmt in Dramont mit gebranntem irdenem Deckel, aus der 2. Hälfte des 1. Jh. v. Chr.

15, punische Amphore mit einem Zeichen der "Tanit" versehen

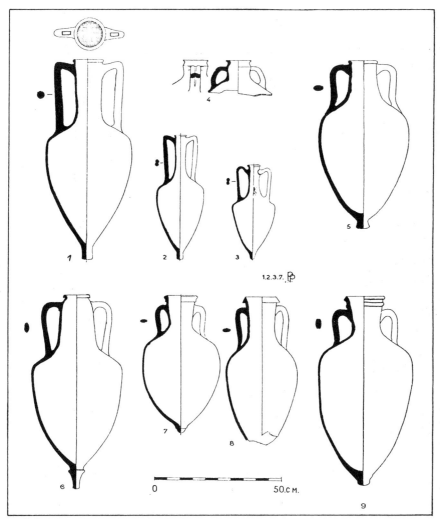

Griechische Amphoren

1 - 2, rhodische Amphore

3, kleine rhodische Amphore aus Pennes zum Vergleich

4, Originalhals einer unbestimmten Amphore

5, rhodische Amphore alter Form

6, Amphore aus Knidos (dorische Kolonie im südwestlichen Kleinasien)

7, rhodische Amphore der Übergangsphase

8, griechisch-italische Amphore aus rhodischer Tonmischung

9, griechische Amphore aus Pennes zum Vergleich

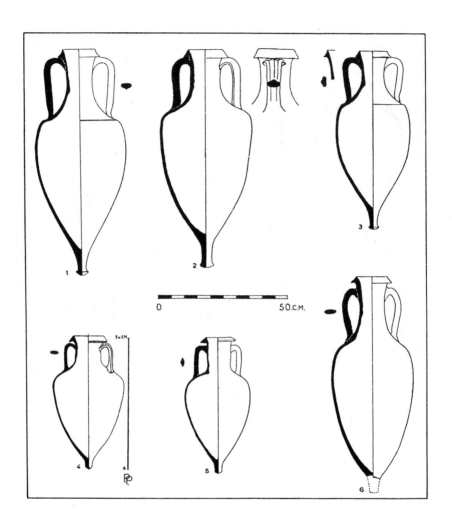

Griechisch-italische Amphoren

1 - 2, griechisch-italische Amphore (Urtyp aus Syrakus)
    3, gleiche Amphore wie 1 und 2, halb so groß
4 - 5, gleiche Amphore, zum Vergleich aus Pennes
    6, Amphore zum Vergleich von der Insel Lavezzi (bei Korsika)

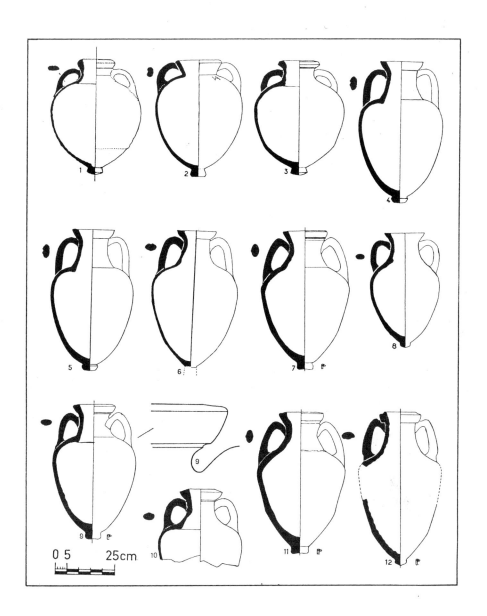

Kugel- und eiförmige Amphoren aus Massalia
(unbeschädigte Unterwasserfunde: 1, 3 - 5, 11)

- 87 -

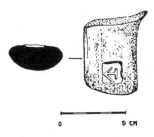

1. Stempel eines Ankers auf einem Henkel einer rhodischen Amphore aus Pennes

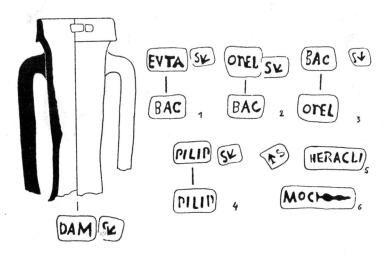

2. Doppelstempel mit einem Kontrollstempel. Ein Anker auf römischen Amphoren
   von Dramont.

In die noch ungebrannten Amphoren wurden bestimmte Stempel eingedrückt,
SES war z. B. das Zeichen für Sestius.

Firmenzeichen wie Dreizack, Anker, Palmette oder Stern geben zusätzlich
Auskunft über die Herkunft der Amphoren.

Größe des Stempels:

    Länge der Umrandung: 40 - 60 cm

    Größe des Stempels SES ca. 26 x 16 (1 x h)

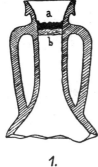

Amphorenverschlüsse

Hals der Amphore vom Wrack der Sainte Marie mit:

1. a, weicher Verschluß für den Stempelaufdruck L. Pomponius
   b, Korkstöpsel
2. Korkstöpsel, darauf eine Lage Kalk
3. Ringeinschnitt im Hals für den Halt des Verschlusses

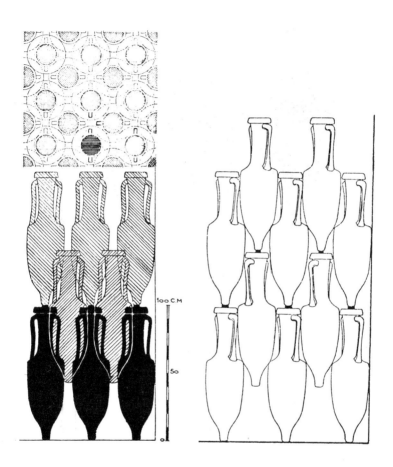

Schema der Stapelung der römischen Amphoren auf dem Frachter des M. Sestius
(Darstellung von P. Pironin)

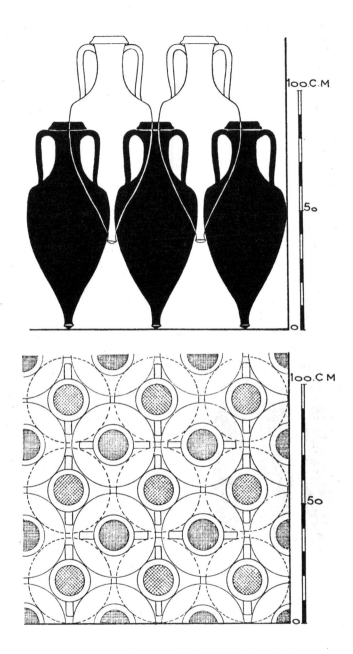

Schema der Stapelung der griechisch-italischen Amphoren

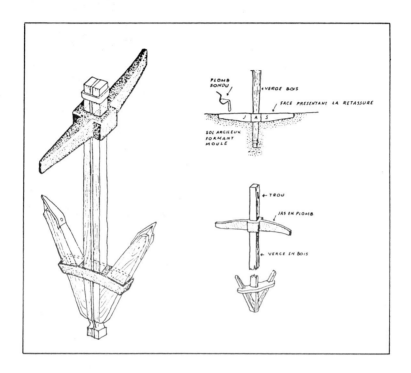

Rekonstruktion eines Stockankers;

Technik der Herstellung eines Stockankers

Die Rechtslage bei Funden

Trotz intensiver Bemühungen ist es bis jetzt weder den großen nationalen
Tauchsportverbänden noch anderen kompetenten Stellen gelungen, eine Dokumen-
tation der Rechtslage bei Funden historischer Relikte auf dem Meeresgrund in
Binnengewässern zu erarbeiten. Der Hauptgrund: In den meisten Ländern ist keine
Stelle zu finden, die über die - zumeist verworrene - Rechtslage verbindlich
Auskunft erteilen will. Deshalb können hier nur einige unverbindliche Hinweise
gegeben werden.

Dänemark:

Das Bergen von Relikten, die älter als 150 Jahre zu sein scheinen, ist verboten.
Funde, die von historischem Interesse sind, müssen dem Dänischen Nationalmuseum
gemeldet werden. Die Rechte der Finder sind gesetzlich geregelt. Die Behörden
arbeiten - auch zugunsten der Finder - rasch und korrekt.

Deutschland (BRD):

Die Rechtslage ergibt sich aus zahlreichen Gesetzen - je nachdem, um welche
Gewässer es sich handelt (Eigentumsverhältnisse etc.), welche Bedeutung der
Fund hat, und ist zudem in den einzelnen Bundesländern verschieden. Die grund-
sätzliche Regelung bei Schatzfunden - Schatz ist jede Sache, die so lange ver-
borgen gelegen hat, daß der Eigentümer nicht mehr zu ermitteln ist - erfolgt
durch Paragraph 984 des Bürgerlichen Gesetzbuches.

Frankreich:

Es gelten (vielleicht) die "Ordonnance" von 1681, die "Déclaration Royale"
vom 17.6.1735, die Rechtsverordnung vom 14.12.1928, das "Loi de Finance" vom
13.12.1921, der "Code des douanes" und die Ministerialerlasse vom 13.2.1951
und 12.6.1951. Nach der "Ordonnance" muß der Finder alles Strandgut binnen
24 Stunden bei der zuständigen "Inscription Maritime" melden. Ihm steht 1/3
des Wertes zu. Unterläßt der Finder die Meldung, so geht nach der RVO von 1928
sein Anspruch verloren. Bei Schiffsuntergängen, die keine Spuren an der Ober-
fläche zurücklassen - also bei den meisten Funden antiker Relikte - ist eine
Bergungskonzession erforderlich. Der Berger erhält 8/10. Ist eine Teilung in
Natur nicht möglich, so erfolgt eine Versteigerung, bei der dem Staat bei
Gegenständen von künstlerischer oder historischer Bedeutung ein Vorkaufsrecht
zusteht. Nach dem "Code des douanes" haben die "Inscriptions Maritimes" die
Treuaufsicht über Funde und sind zur vorübergehenden Ingewahrsamnahme befugt
(nicht zur Konfiskation!).

Ob die genannten Gesetze wirklich anzuwenden sind, ist nach Ansicht vieler Juristen zweifelhaft. Sie meinen, es handle sich bei antiken Funden um herrenlose Sachen, die der Finder sich anzueignen berechtigt ist. - Eine moderne gesetzliche Regelung soll in Vorbereitung sein.

Griechenland:

Antike Funde sind Staatseigentum, dürfen nicht berührt und sollen gemeldet werden. Die Polizei und ihre Spitzel sind "allgegenwärtig", die Strafen für Vergehen sehr streng.

Italien:

Das Gesetz Nr. 1089 vom 1.6.1938 dürfte analog gelten. Danach sind alle historischen Funde Staatseigentum. Die Prämie für Grundstückseigentümer bzw. Finder beträgt bis zu 25 Prozent des Wertes. Funde sind anzeigepflichtig und dürfen nicht geborgen werden, es sei denn, eine rasche Bergung wäre zu ihrer Sicherung erforderlich. Unter bestimmten Umständen werden für Funde, deren Bergung erwünscht ist, aber von der Wissenschaft nicht bewältigt werden kann, Bergungslizenzen erteilt. - Es sollen mitunter überraschend hohe Finderlöhne bezahlt worden, jedoch in vielen anderen Fällen die Rechte der Finder nicht beachtet worden sein.

Spanien:

Archäologische Funde sind Staatseigentum und müssen gemeldet werden. Ein Anspruch auf Finderlohn besteht nicht. Die Polizei ist meist nah, die Strafen können drastisch sein.

Türkei:

Archäologische Funde sollen den Hafen- oder Zollbehörden gemeldet werden. Es besteht ein Anspruch auf Belohnung. Die Behörden können Funde zur Ausfuhr freigeben. Für Vergehen beginnen die Strafen bei 3 Jahren Gefängnis. Bis jetzt wurden keine hohen Strafen bekannt, doch die Wachsamkeit und Empfindlichkeit der Behörden wächst zusehends.

In Ostblockländern und Jugoslawien

sind historische Funde stets Staatseigentum, in nationalistisch regierten Ländern (Entwicklungsländern) meist ebenfalls.

Adressen

An die hier genannten Adressen kann sich der Finder antiker Stücke wenden, der die zuständigen Behörden nicht kennt oder sie aus anderen Gründen nicht eben einschalten will. Gegebenenfalls vermitteln sie auch den Kontakt zwischen an ernsthafter Forschungsarbeit interessierten Tauchern und Archäologen bzw. arbeiten selbst mit Tauchern zusammen.

Deutschland:
Sachabteilung Archäologie im VDST.

Österreich:
Tauchsportverband Österreich.

Schweiz:
Schweizer Unterwassersport-Verband.

Diese Adressen geben auf Anfrage die Adressen weiterer nationaler Tauchsportverbände bekannt.

Griechenland:
Deutsches Archäologisches Institut, Abt. Athen, Athen, Phidiasstraße 1.

Italien:
Centro Sperimentale e dell' Archeologia Sottomarina, Navale Romano, Albenga.
Deutsches Archäologisches Institut, Abt. Rom, Rom, Via Sardegna, 79.
Gerhard Kapitän, Viale Tica, 21, Syrakus/Sizilien (für Süditalien und Sizilien).

Spanien:
Federico Foerster-Laures, Barcelona 7, Consejo de Ciento, 335.
Deutsches Archäologisches Institut, Abt. Madrid, Madrid 2, Serrano 159.

Türkei:
Pennsylvania Expedition, Bodrum (zeitw.): Deutsches Archäologisches Institut, Abt. Istanbul, Istanbul-Taksim, Sira Selvi 123.

Konservieren von Funden aus:

Keramik, Ton, Stein

Im Meer gefundene Keramik aus hartgebranntem Ton und Gegenstände aus Stein
werden gründlich - mindestens 24 Stunden - in Süßwasser gespült, um das Salz
auszuwaschen. Anschließend trocknet man sie langsam im Schatten. Verkrustun-
gen durch Meeresorganismen belegen zwar die Echtheit von Funden, doch sie
überlagern die alten Formen. Sie werden mit einer Bürste im Wasser abgeschrubbt.
Was sich von Tongefäßen nicht ablösen läßt, beseitigt man mit einer schwachen
Salzsäurelösung. (Schütten Sie beim Verdünnen von Salzsäure niemals Wasser in
die Säure. Sie spritzt sonst!) Das Reinigen verkrusteter glasierter Keramik
muß dem Spezialisten vorbehalten bleiben (Universitätsinstitut etc.). Kalkab-
lagerungen an Steinfunden beseitigen wir vor allem durch Bürsten und Schmirgeln.
Salzsäure darf nicht angewandt werden, da sie meist auch den Stein (Marmor)
angreift.

Eisen

Gegenstände, die bis zum Spülen in Süßwasser lagern müssen, bedecken wir bis
dahin mit feuchten Tüchern oder betten sie in nassen Sand. Das gleiche gilt
auch für eiserne Gegenstände (z. B. Kanonenkugeln). Da das Konservieren von
Eisenfunden eine umständliche Prozedur ist, wird es manchmal erforderlich sein,
sie vorher längere Zeit zu lagern oder zu transportieren. Dies sollte feucht
geschehen. Wo es nicht möglich ist, empfiehlt sich ein provisorischer Überzug
des Gegenstandes mit Wachs oder Parafin, um ihn luftdicht abzuschließen.

Selbst stark verrostetes Eisen läßt sich so behandeln, daß der Oxydations-
prozeß unterbunden wird. Wir beginnen die Konservierung mit einer gründlichen
Reinigung mit Bürste und destilliertem Wasser. Anschließend werden die Funde
getrocknet (mit einem sauberen Lappen, gegebenenfalls mit Warmluft) und mit
Trichloräthylen von Fettresten befreit. Nun werden sie wieder abfrottiert und
in ein heißes Wasserbad eingelegt, in dem sie bis zu dessen Erkalten verbleiben.
Das treibt einen Teil des Sauerstoffs aus der Rostschicht. Ein zwölfstündiges
Bad in 96 %igem Brennspiritus schließt sich an. Das eigentliche Entrostungsbad
besteht aus 100 Gramm Zinnchlorid, die in 1 Liter warmes Wasser langsam ein-
gerührt werden. Nun lösen wir in einem zweiten Liter Wasser 2,5 Gramm Wein-
säure und setzen diese Lösung der ersten zu. In die gemischte Lösung schütten

wir einen Teelöffel Indigokarmin-Pulver, rühren das Ganze noch einmal gut durch und legen die Fundgegenstände für 24 Stunden ein. Hartnäckige Roststellen werden anschließend mit der Drahtbürste behandelt. Nach der Reinigung mit der Drahtbürste müssen die Fundgegenstände wieder für 24 Stunden in ein neu bereitetes Bad. (Beim Bereiten des Reinigungsbades darf die angegebene Reihenfolge nicht vertauscht werden! Sie ist nicht willkürlich, sondern durch die erwünschten Reaktionen bedingt.)

Funde, die aus dem Bad kommen, werden sofort abgespült, getrocknet und mit Silbersand poliert, der ihnen ihren vorherigen Glanz wieder verleiht. Ein Überzug mit farblosem Lack schützt sie vor künftiger Oxydation. Die Oxidschichten lassen sich jedoch auch mit Chemikalien aus der Drogerie beseitigen.

Bronze, Blei

Funde aus Bronze bedürfen in der Regel lediglich einer gründlichen Reinigung, denn Bronze bildet nur eine dünne Oxidschicht, unter der - im Gegensatz zu Eisen - das Metall nicht mehr weiter korrodiert. Das gleiche gilt für Blei. Die Oxidschicht läßt sich aber auch mit Chemikalien aus der Drogerie entfernen.

Es erübrigt sich fast, darauf hinzuweisen, daß kostbare Funde aus Bronze (Statuetten!) vom Fachmann behandelt werden sollten, der auch zerstörte Partien oft wieder rekonstruieren kann. Bleierne Anker mit Holzpartien (Holzseele!) müssen wie Holz konserviert werden.

Holz, Knochen, Gewebe

Holz aus der Tiefe stellte die Konservatoren lange vor ein unlösbares Problem, das heute jedoch dank der Kunststoffchemie bewältigt werden kann. Erfolgreich angewendet werden vor allem Polyvinylchlorid und Polyäthylenglykol - hochmolekulare Verbindungen, die unter den verschiedensten Bezeichnungen (z. B. PVC, Vinylit, Vinoflex, Marvinol, Mipolam, Vinidur, Polywachs, Dermoplast, Carbowax, Cremolan) in den verschiedensten "Abarten" zu Kilopreisen von rund 5 bis 15 DM im Handel erhältlich sind. Zum Konservieren eignen sich nicht die ganz hochmolekularen, sondern die niedrigmolekularen Arten, die wasserlöslich sind. Sie dringen in die Zellen des Holzes ein, ersetzen das Wasser und härten selbst schwammweiche Holzteile so, daß sie ihre ursprüngliche Festigkeit fast zurückerhalten. Beim Trocknen treten dann weder Schrumpfungen noch Risse auf.

Je niedermolekular die Verbindungen sind, um so schneller geht das Konservieren. Allerdings droht das Holz dann hygroskopisch (feuchtigkeitsanziehend) zu werden. Bei feuchtem Wetter schwitzt es. Deshalb sollten Verbindungen mit einem Molekulargewicht unter 1000 nur in Ausnahmefällen verwendet werden.

Die Verwendung von Kunststoffen mit einem Molekulargewicht von 1000 ist gerade noch vertretbar. Besser ist natürlich ein mehrwöchiges Bad in einer höhermolekularen Chemikalie.

Die Gegenstände sollen möglichst so ins Bad eingelegt werden, daß die Holzfasern vertikal verlaufen. Das beschleunigt den Prozeß der Verdrängung des Wassers.

Die Beigabe von fungi- und insektiziden Chemikalien macht die Fundgegenstände zudem noch unangreifbar für Pilze, Bakterien und Insekten. Zur Schnellkonservierung empfiehlt sich die Verwendung einer 25- bis 30 %igen alkoholischen Lösung von Polyäthylenglykol (z. B. Carbowax) des Molekulargewichts 1000. Die Funde werden über Nacht in das Bad gestellt und tagsüber getrocknet. Bad und Trocknen wechseln sich ab, bis der Fund hart ist.

Mit den gleichen Methoden lassen sich Knochen, Gewebe und Relikte aus pflanzlichen Rohstoffen (wie etwa Taue oder Schilfkörbe) konservieren. Bei allen diesen sehr empfindlichen Funden müssen wir sorgsam darauf achten, daß sie zwischen Bergung und Konservierung nirgends antrocknen.

Rekonstruktion von eisernen Geräten

Von besonderem Reiz ist es, der Tiefe Relikte wieder abzuringen, die eigentlich gar nicht mehr vorhanden sind - die Rekonstruktion eiserner Geräte und Waffen aus den Hohlformen, die sich durch Ablagerungen über den Gegenständen ergaben. Diese Formen haben meist die Gestalt ungefüger Brocken aus hartem Material. Die Brocken teilen wir vorsichtig mit einer Säge mit dünnem Blatt. Da durch den Sägeschnitt immer etwas Stärke verlorengeht, schneiden wir aus entsprechend starkem Karton Schablonen, die wir zwischen die Gußformen legen. Nun bringen wir zwei Gußkanäle an - einen zum Entweichen der Luft -, fügen die Gußformen wieder zusammen und füllen Kunststoff, Gummimasse oder Gips ein. Sind die Innenwände der Gußformen noch mit Oxid bedeckt, so verbindet sich die Gipsmasse nicht mit den Gußformen. Sie nimmt vielmehr etwas Oxid auf, und unser Abguß erhält ein natürliches, etwas verrostetes Aussehen. Saubere Gußformen müssen bei der Verwendung von Gips als Gußmaterial mit Öl ausgestrichen werden, damit der Gips nicht an den Wandungen der Form haftenbleibt.

Fossilien

Wenn man Glück hat, findet man versteinerte Krebse, Muscheln, Fische usw. Um diese Funde ganz oder teilweise aus dem Stein zu lösen, benötigt man viel Glück und Fingerspitzengefühl. Sehr oft läßt sich das Fossil mit Hammer und Meißel nicht weiter aus dem Stein lösen, als es zur Zeit des Fundes sichtbar war. Der Hintergrund ist die Härte des Steines und oft das Fehlen der Kapitarwirkung zwischen Stein und Fossil, welche ermöglichen würde, daß sich der Stein ohne Beschädigung vom Fossil löst. Gleich wie das Ergebnis aussieht, der Fund alleine ist schon bemerkenswert.

Um dem Fossil den notwendigen Schutz und Kontrast zu verleichen, benutze man das Steinpflegemittel "Rember", welches man mit einem entsprechenden Pinsel aufträgt und dann nachpoliert.

Zwecks Namens- und Altersbestimmung wende man sich an den nächsten Fossilien-Club.

Altersbestimmung durch Strahlenschäden

Archäologen, Geologen und Kunsthändler können sich auf eine neue Methode der
Altersbestimmung stützen: Die winzigen Strahlenschäden, die die natürliche
Radioaktivität in einem Werkstoff erzeugt, haben sich als zuverlässige "Uhr"
für die Echtheitsprüfung aller Kunstwerke und zur Datierung historischer und
archäologischer Zeitabschnitte erwiesen. Im Heidelberger Max-Planck-Institut
für Kernphysik arbeitet die mit Unterstützung der Stiftung Volkswagenwerk
aufgebaute archäometrische Arbeitsgruppe unter Leitung von Dr. Günter Wagner
an einem Datierungsverfahren, bei dem das beim "Ausheilen" solcher Strahlenschäden auftretende Leuchten - die Thermolumineszenz - als Zeitmaßstab verwendet wird. Bei Versuchen lag die Zeitgenauigkeit über 93 %.

Radioaktivität gibt es seit der Entstehung der chemischen Elemente vor Jahr-
milliarden, und noch heute zeigt die Erdkruste natürliche Radioaktivität. Diese
geht vor allem von den radioaktiven Elementen Uran, Thorium und Kalium aus.
Insbesondere enthalten Ton und Lehm, aus denen Gebrauchsgegenstände und Ziegel
gebrannt werden, in sehr geringer Menge radioaktives Uran. Die Strahlung, die
von diesem Uran ausgeht, erzeugt in der umgebenden Materie unter anderem einen
sehr charakteristischen Anregungs-Effekt.

Einzelne Elektronen dieser Atome werden auf ein höheres Energie-Niveau gehoben
und verharren hier in einem quasistationären Zustand. Sie sind für Jahrhunderte
und Jahrtausende in einer Art Elektronen-Falle gefangen.

Alle technischen Verwendungen setzen allerdings voraus, daß man die Elektronen-
Fallen bei Bedarf öffnen kann. Dazu genügt es, eine winzige Probe aus dem be-
strahlten Fundstück zu erwärmen. Beim Überschreiten einer Temperatur von 200
Grad fallen die gefangenen Elektronen nach und nach in den Grundzustand zurück.
Sie geben dabei eine charakteristische Lichtstrahlung ab, die Thermolumineszenz-
Strahlung. Diese kann man photoelektrisch ausmessen. Ihre Intensität ist ein
Maß für die Strahlungsdosis, die die betreffende Probe vorher aufgenommen hat.
Zugleich wird die "Uhr" auf Null zurückgestellt.

Zusammenfassende Bibliographie

übernommen aus dem französischen Original "Classification des Amphores"

von J.-P. Joncheray

(um das Ausleihen von Büchern zu erleichtern wird hier die französische
Schreibweise angegeben)

Actes du 2e Congrès d'Archéologie sous-marine, Albenga, 1961

Amphores: (F. F. Laures), traduction Limonier

Aventure sous-marine:
   No. 21, juin-juillet 1959: no. 36(épuisé); no. 59, avril-mai 1966

Gallia:
   VIII, 1950; IX, 1953; XII, 1954; XIV, 1956, fasc. 1; XVI, 1958, fasc.1;
   XVIII, 1960, fasc. 1; XX, 1962, fasc. 1.
   Supplément no. XIV: L'épave de Grand Congloue: F. Benoit, 1961

L'hellénisation du Midi de la Gaule: F. Benoit

Nouvelles plongées sans câbles: Commandant Taillez

Revue d'Etudes ligures:
   XVIII, 3 - 4, 1952; XX, 1954; XXI, 3 - 4, 1955; XXII, 1956; XXIII, 3 - 4,
   1957; XXVII, 1 - 4, 1961

Forma Maris Antiqui, nos. I - V.

Zusammenfassende Bibliographie
(Deutsche Schreibweise)

Akte des 2. Kongresses für Unterwasserarchäologie, Albenga 1961

Amphoren: (F. F. Laures), Übersetzung von Limonier

Abenteuer unter Wasser:
Nr. 21 Juni/Juli 1959; Nr. 36(vergriffen); Nr. 59 April/Mai 1966

Gallia:
VIII, 1950; XI, 1953; XII, 1954; XIV, 1956, Heft 1; XVI, 1958, Heft 1;
XVIII, 1960, Heft 1; XX, 1962, Heft 1
Supplement zu Nr. XIV: Das Wrack am Grand Congloue (Grand Congloue - Riff
bei der Insel Riou, unterhalb von Marseille)

Die Hellenisierung des Südens von Gallien (mit zahlreichen Bildtafeln
von Amphoren u. a.): F. Benoit

Neue kabelfreie Tauchversuche: Kommandant Taillez

Zeitschrift für ligurische Studien:
XVIII, 3 - 4, 1952; XX, 1954; XXI, 3 - 4, 1955; XXII, 1956; XXIII, 3 - 4,
1957; XXVII, 1 - 4, 1961

Die Form des Mittelmeerraumes Nr. I - V

Band XV der Reihe Corpus Inscriptionum Latinarum (Corpus der lateinischen
Inschriften) Heinrich Dressel:
An diesem Band orientiert sich noch heute die Archäologie. Dressel (1899)
sammelte darin einige tausend Inschriften von Amphoren und fügte zudem
Formentafeln der Gefäße an, auf denen er die Inschriften gefunden hatte.
Dieser Band ist nicht verleihbar, kann aber in den Universitätsbibliotheken
Bonn, Düsseldorf, Münster eingesehen werden.

Empfehlenswerte Literatur:

Mit Atemgerät und Kamera auf Schatzsuche (1974)
Jahrtausende steigen aus der Tiefe (1969)
Tauchfahrt in die Vergangenheit (1964)
(3 x Hans-Wolf Rackl) Neptun Bücherei
Hans Roden: Schatzsucher (1963), Koehler Verlagsgesellschaft
Unesco Unterwasserarchäologie (1973), Hans Putty Verlag, Wuppertal
Taucher in die Vergangenheit (1972), G.F. Bass, Bucher Verlag
Versunkene Schiffe (1967), Peter Throckmorton

weitere Literatur in den genannten Büchern

Die auf den Fotos in diesem Band gezeigten Amphoren sind ausgesucht aus:
- dem Archäologischen Museum Saint-Raphaël (Sammlg. Dr. Delonga) und
  Antibes (Sammlg. Clergues)
- persönlichen Sammlungen
- Veröffentlichungen in den oben genannten Werken

Die Zeichnungen sind von den Herren Calmes, Damoiseau, Di Cosimo, Poulain
angefertigt.